公安机关人[illegible]范

一、忠诚可靠：听党指挥，热爱人民，忠于法律。
二、秉公执法：事实为据，秉持公正，惩恶扬善。
三、英勇善战：坚韧不拔，机智果敢，崇尚荣誉。
四、热诚服务：情系民生，服务社会，热情周到。
五、文明理性：理性平和，文明礼貌，诚信友善。
六、严守纪律：遵章守纪，保守秘密，令行禁止。
七、爱岗敬业：恪尽职守，勤学善思，精益求精。
八、甘于奉献：任劳任怨，顾全大局，献身使命。
九、清正廉洁：艰苦朴素，情趣健康，克己奉公。
十、团结协作：精诚合作，勇于担当，积极向上。

公安部关于印发《公安机关人民警察职业道德规范》的通知

公通字［2011］35号

各省、自治区、直辖市公安厅、局，新疆生产建设兵团公安局：

为进一步加强公安民警职业道德建设，增强广大民警的职业意识，提高职业素质，规范职业行为，树立职业形象，公安部对1994年下发的《公安机关人民警察职业道德规范》（公发［1994］1号文件）进行了修订。现将修订后的《公安机关人民警察职业道德规范》（以下简称《规范》）印发给你们，请认真贯彻实施。

修订下发《公安机关人民警察职业道德规范》，是公安部党委紧密结合新世纪新阶段公安工作和队伍建设实际，深入贯彻胡锦涛总书记“七一”重要讲话精神的重要举措。各地公安机关要采取多种形式，组织全体民警认真学习《规范》，确保广大民警熟知熟记其内容。要把学习实施《规范》同当前正在开展的“发扬传统、坚定信念、坚持执法为民、树立良好警风”主题教育实践活动紧密结合起来，真正把人民警察职业道德规范熔铸到民警的心中，永葆公安队伍忠于党、忠于祖国、忠于人民、忠于法律的政治本色。

各地贯彻实施《规范》的情况，请及时报部。

二〇一一年九月二日

目　录

第一章　公安机关人民警察职业道德概述

2011年9月，公安部修订印发《公安机关人民警察职业道德规范》（以下简称《规范》），要求各级公安机关组织民警认真学习、全面掌握，在队伍中形成学习、宣传、践行《规范》内容的工作热潮，努力把《规范》的各项要求转化为广大公安民警的思想信念和行为自觉。学习贯彻《规范》、坚持不懈推进公安民警职业道德建设，是落实党的十七届六中全会精神、继承公安机关优良传统、弘扬"忠诚、为民、公正、廉洁"人民警察核心价值观的重要举措，是切实增强公安队伍凝聚力、战斗力和创造力，有效激发公安队伍蓬勃朝气、昂扬锐气、浩然正气，促进公安工作和公安队伍建设不断发展进步的重要途径。

第一节　公安民警职业道德的内涵及发展

马克思主义认为，道德是人们在社会生活中形成的关于善恶、是非、荣辱的观念、情感和行为习惯，并依靠社会舆论、传统习惯和内心信念来维持的人类行为准则，是一定社会用以调整人与人、人与社会、人与自然关系的行为规范的总和。公安民警职业道德，是指公安民警在依法履行维护国家安全和社会稳定、服务人民群众、促进经济发展的工作职责过程中，应当坚持遵循的道德要求、行为准则和价值判断，一般由警察职业理想、职业态度、职业责任、职业技能、职业纪律、职业良心、职业荣誉和职业作风等要素构成。公安民警的职业道德具有四个明显特征：

一是政治性。公安机关是人民民主专政的重要工具和维护稳定的专门力量，是武装性质的治安行政力量和刑事司法力量，是党绝对领导下的执法队伍，承担着巩固共产党执政地位、维护国家长治久安、保障人民安居乐业、服务经济社会发展的重大政治和社会责任。公安民警职业道德建设首要的一条，就是要坚持马克思主义指导地位，坚持中国共产党的绝对领导。

二是实践性。道德作为一种社会规范，属于上层建筑的范畴，不会凭空产生、孤立存在。公安民警职业道德是在公安工作实践基础上形成的，公安保卫工作的发展进步决定着公安民警职业道德的具体内容，职业道德又保障、推动了公安工作实践，两者相伴相生、相辅相成。不仅如此，公安民警职业道德对于民警个体来说，重在修养，贵在践行，要努力做到知行合一。

三是相对性。公安民警职业道德不是一成不变的，而是随着公安工作与公安队伍建设发展，其具体内容会有所差异或者侧重，表现为既有历史传承，又有时代创新。同时，公安民警职业道德只对公安民警的行为作出道德层面的要求，主要靠社会舆论、传统习惯和内心信念等精神力量来支撑。一般情况下，不涉及其他社会群体，不具有普遍约束力。

四是群众性。公安民警职业道德是公安民警在担负公安工作、调整人际关系过程中逐步形成的，它从广大公安民警的共同行为中“约定俗成”，又反过来对每一位公安民警言行进行规范。因此，每一位公安民警既是形成职业道德的主体，又是职业道德约束的对象，概莫能外。

总结起来，我国公安民警职业道德的发展大体经历了三个时期：

一、新民主主义革命时期（1949 年 10 月 1 日以前）

1927 年“四一二”反革命政变后，党的组织被迫转入地下。为了确保党中央的安全，同年 11 月，周恩来主持中央特委在上海建立了中央特科，主要任务是保卫党中央机关和中央领导的安全，收集情报、掌握敌情，惩办特务、叛徒、内奸，建立秘密交通联络和秘密电台。在选拔特科成员时，特别强调道德素质，规定只有那些“有坚定信念，政治上绝对可靠”的同志，才能担任此项工作。

1931 年 11 月 7 日，江西中央苏区成立了中华苏维埃共和国临时中央政府，在中央执行委员会下设国家政治保卫局，其任务是：“在临时中央政府人民委员会的管辖之下，执行侦察、压制和消灭政治上、经济上一切反革命的组织活动、侦探盗匪等任务”，“是经常的系统的执行抵抗、检举和消灭一切公开的尤其是秘密的反革命组织和行动，以保卫和巩固苏维埃政权”。国家政治保卫局，是中国历史上第一个代表人民大众利益的公安保卫机关，具有鲜明的新民主主义国家政权工具的性质。国家政治保卫局的工作人员大多从红军各部队精心挑选而来，要求必须做到：（一）服从命令听指挥，一切要服从组织决定，随时准备牺牲个人的一切；（二）严守秘密，严守党的纪律、保卫工作纪律，党组织交代的秘密，不能说的就不能说，允许一个人知道的就只让一个人知道；（三）工作要积极、认真、负责，保证按时完成任务；（四）坚决与非无产阶级分子划清界限，与地富出身的亲友不能有任何来往；（五）不能违法乱纪，生活作风严肃，行为正轨，经济上要分明，等等。

1937 年 9 月，中央在原西北政治保卫局和陕甘宁边区政府保安处的基础上建立陕甘宁边区保安处，开展边区锄奸、肃特、保卫党中央和边区政府机关安全等工作。1940 年，中共中央社会部经过修改、转发了《晋察冀边区公安局警务公约》，对警务人员行为规范提出了要求：“警务人员，抗日当先，拥护政府，保障民权。巩固边区，维护政权，镇压敌探，肃清汉奸。缉匪捕盗，勇敢向前，保护人民，维护治安。友敌分清，是非明辨，奸不漏网，民不含冤。服从命令，忠于抗战，提高警惕，组织必严。奉公守法，不徇情面，严守秘密，意志要坚。斗争学习，不怕困难，团结进步，忠正清廉。严守纪律，革命模范，凡我同志，誓守约言。”

1948 年 9 月 27 日，华北人民政府公安部成立，统一了华北地区公安保卫工作。1949 年 7 月 6 日，中央军委决定以华北社会部（公安部）为基础组建中央军委公安部。这个时期公安机关在党和人民政府领导下，有力地配合了解放战争，保卫了新区的人民政权，建立了革命秩序，为夺取新民主主义革命胜利起到了重要作用。1948 年 9 月 17 日，刘少奇在为中央社会部接管大城市干部集训班讲课时指出，从事公安保卫工作要甘当无名英雄，要忠实于党、忠实于人民。此后，华北社会部（公安部）颁布了《农村治安工作条例》，对公安人员的政治条件作出明确规定："必须是共产党员，在群众中有威信，并且踏实坚定、积极负责、办事公正。"同时在有关制度和文件中强调，公安队伍内部要注重调查研究和总结历史经验，反对官僚主义、主观主义，反对逼供信，禁止肉刑。

二、社会主义革命和建设时期（1949 年 10 月至 1978 年 12 月）

1952 年 11 月，第五次全国公安会议召开，要求"加强民警的阶段教育、纪律教育，提高其阶级觉悟，树立其全心全意为人民服务的思想，养成机警沉着、胆大心细、团结进步、守纪律、听指挥、爱国家、爱人民的优良作风与品质，使之真正成为人民所拥护的人民警察。"

1953 年 5 月，公安部部长罗瑞卿在中央人民公安学院作报告时要求，公安干部必须"第一，要政治可靠，就是要对党和革命无比忠心，是执行党的政策、遵守国家法律的模范，要热爱祖国、热爱人民、敌我界限分明、斗争坚定。第二，要搞得赢反革命，就是要精通业务，具备必要的知识和技能，要学会同反革命斗争的机智与本领。第三，要作风正派，就是要坚持实事求是、调查研究、忠诚老实、谦虚谨慎、联系群众的作风。"

1958 年，第九次全国公安会议通过了《公安人员八大纪律十项注意》，"八大纪律"包括：服从领导听从指挥；遵守政策遵守纪律；不准泄露国家机密；不准侵犯群众利益；不准贪污受贿；不准刑讯逼供；不准包庇坏人；不准陷害好人。“十项注意”包括：立场坚定敌我分明；坚决勇敢沉着机智；多办好事服务人民；说话和气办事公平；敬老爱幼尊重妇女；注意礼貌讲究风纪；尊重群众风俗习惯；纠正违章不准刁难；执行政策做好宣传；劳动学习全面锻炼。

三、改革开放和社会主义现代化建设时期（1978 年 12 月至今）

1980 年，公安部对公安民警提出“四十字”行为要求，即“调查研究，实事求是；发扬民主，依法办事；廉洁奉公，遵纪爱民；立场坚定，敌我分明；机智勇敢，团结战斗”。

1994 年 1 月，公安部正式颁布《人民警察职业道德规范》，具体内容是：

一、对党忠诚：坚定信念，听党指挥，维护宪法，忠于祖国。

二、服务人民：热爱人民，甘当公仆，爱憎分明，除害安良。

三、秉公执法：不徇私情，不畏权势，严禁逼供，不枉不纵。

四、清正廉明：艰苦奋斗，克己奉公，防腐拒贿，不沾不染。

五、团结协作：顾全大局，通力协作，相互尊重，相互支持。

六、勇于献身：忠于职守，业精技强，机智勇敢，不怕牺牲。

七、严守纪律：服从领导，听从命令，遵守制度，保守机密。

八、文明执勤：谦虚谨慎，不要特权，礼貌待人，警容严整。

1995 年 2 月 28 日，第八届全国人大常委会第十二次会议通过了《中华人民共和国人民警察法》，第二十条规定，“人民警察必须做到：（一）秉公执法，办事公道；（二）模范遵守社会公德；（三）礼貌待人，文明执勤；（四）尊重人民群众的风俗习惯。”2000 年 6 月，公安部颁布《公安机关人民警察内务条令》第五条确定了人民警察的誓词内容，即“我宣誓：我志愿成为一名中华人民共和国人民警察。我保证忠于中国共产党，忠于祖国，忠于人民，忠于法律；服从命令，听从指挥；严守纪律，保守秘密；秉公执法，清正廉洁；恪尽职守，不怕牺牲；全心全意为人民服务。我愿献身于崇高的人民公安事业，为实现自己的誓言而努力奋斗！”这两者分别从法律、条令的高度，对公安机关人民警察职业道德的内涵作了进一步明确。

2011 年 9 月，根据公安工作和公安队伍建设新情况、新发展，公安部对《人民警察职业道德规范》进行修订，颁布了《公安机关人民警察职业道德规范》。具体内容是：

一、忠诚可靠：听党指挥，热爱人民，忠于法律。

二、秉公执法：事实为据，秉持公正，惩恶扬善。

三、英勇善战：坚韧不拔，机智果敢，崇尚荣誉。

四、热诚服务：情系民生，服务社会，热情周到。

五、文明理性：理性平和，文明礼貌，诚信友善。

六、严守纪律：遵章守纪，保守秘密，令行禁止。

七、爱岗敬业：恪尽职守，勤学善思，精益求精。

八、甘于奉献：任劳任怨，顾全大局，献身使命。

九、清正廉洁：艰苦朴素，情趣健康，克己奉公。

十、团结协作：精诚合作，勇于担当，积极向上。

重新修订的《公安机关人民警察职业道德规范》坚持与时俱进、实事求是，内容由 1994 年版的 8 条扩充到了 10 条，既继承和发扬了公安机关的优良传统，又彰显了鲜明的人本色彩和时代特征。这 10 条内容既各具自身的内容、要求，又是一个不可分割的有机整体。其中，“忠诚可靠”、“秉公执法”是核心、是灵魂，体现了公安队伍的政治本色；“英勇善战”、“热诚服务”是根本，从打击犯罪、服务人民两个方面强调了公安民警的职业素养；“文明理性”、“严守纪律”是基础，对公安民警的日常行为提出了严格要求；“爱岗敬业”、“甘于奉献”是关键，体现了优良的公安传统作风；“清正廉洁”、“团结协作”是保障，体现了公安民警最基本的道德操守。

第二节　公安民警职业道德的功能及意义

一、公安民警职业道德的基本功能

与社会一般道德要求相比，职业道德是社会一般道德要求在职业生活中的具体体现。概括地讲，公安民警职业道德具有反映导向、教育约束、调节整合、内在激励等四大基本功能。

一是公安民警职业道德具有反映导向功能。一方面，公安民警职业道德反映了公安民警队伍的职业素养和品质特征，体现了人民群众对公安民警的职业行为要求；另一方面，公安民警职业道德以具有明显善恶意义的表述、诉诸舆论褒贬的手段等，确立了民警的行为标准，指明了自我努力的方向。

二是公安民警职业道德具有教育约束功能。公安机关通过确立职业道德规范，有意识地对公安民警的行为进行指导、约束或制裁；公安民警之间按照职业道德规范，自发地互相影响、互相监督、互相批评；社会各界通过社会舆论对民警行为作出善恶、是非、荣辱之评价；公安民警个人对照职业道德要求，确定、约束、检点自己的行为。

三是公安民警职业道德具有调节整合功能。调节人的行为，并通过调节人的行为来调节社会关系，是道德最突出也是最重要的社会功能。同样，公安民警职业道德通过调节民警内外身心、个人之间、个人与集体之间的利益关系，能够实现公安队伍内部及其与社会的良性互动、动态平衡。

四是公安民警职业道德具有内在激励功能。通过对公安民警履行义务的德行和贡献进行社会价值判断，及时将社会对公安民警的赞赏和评价内化为公安民警的自我认识，使民警的知耻心、自尊心和自爱心不断得到强化，以实现自律与他律的和谐统一。

二、公安民警职业道德建设的重要意义

任何国家、民族或社会，要实现国家长治久安、民族团结和睦、社会良性运行，必须有全体成员普遍认同并自觉遵循的基本道德规范，统一思想认识，规范社会行为，凝聚精神力量。现代社会，职业道德在社会道德体系中已经成为起中坚作用的道德力量，对社会的发展以及个人的自我完善都起着越来越重要的作用。切实加强公安民警职业道德建设对于推进公安工作和公安队伍建设科学发展，具有十分重要的意义。

（一）加强公安民警职业道德建设，是推进社会主义核心价值体系建设的必然要求

社会主义核心价值体系是兴国之魂，是社会主义先进文化的精髓和社会主义意识形态的本质体现，决定着中国特色社会主义发展方向。它是党的十六届六中全会决定中首次提出的。党的十七大报告指出，要“建设社会主义核心价值体系，增强社会主义意识形态的吸引力和凝聚力”。党的十七届六中全会通过的《中共中央关于深化文化体制改革推动社会主义文化大发展大繁荣的决定》，把建设社会主义核心价值体系作为文化改革发展的根本任务，强调要“推进社会主义核心价值体系建设，巩固全党全国各族人民团结奋斗的共同思想基础”。公安机关的性质、任务和职责决定了公安队伍职业道德水准的高低，直接关系着党和政府在人民群众心目中的形象，关系着国计民生与社会和谐稳定，在推进社会主义核心价值体系建设方面，必须走在全社会前列。

但是，在当前经济转轨、社会转型、社会矛盾多发的特殊时期，公安机关也同样无法回避社会群体化、群体利益化、利益多元化的复杂形势以及由此带来的巨大冲击，加上公安队伍规模和结构的发展变化，广大公安民警思想活动的独立性、选择性、差异性日益增强。为此，越是改革开放，越是在目前我国经济高速发展、各项事业不断取得成功的历史时期，公安机关越要加强公安民警的职

业道德建设，引导广大公安民警自觉坚持马克思主义指导地位，坚定中国特色社会主义共同理想，弘扬以爱国主义为核心的民族精神和以改革创新为核心的时代精神，树立和践行社会主义荣辱观，进一步形成思想共识，凝聚精神力量，同心协力为夺取公安工作新胜利、开创公安事业新局面而不懈奋斗。

（二）加强公安民警职业道德建设，是开展人民警察核心价值观教育实践活动的重要载体

2011 年10月 19 日，国务委员、公安部部长孟建柱主持召开公安部党委扩大会议，传达、学习党的十七届六中全会和胡锦涛总书记重要讲话精神，首次提出以“忠诚、为民、公正、廉洁”为内容的人民警察核心价值观，并要求各级公安机关和各部门、各警种广泛开展人民警察核心价值观宣传教育实践活动，进一步激发公安队伍的凝聚力和战斗力。

开展人民警察核心价值观宣传教育实践活动，就要以加强公安民警职业道德建设为依托，通过弘扬“忠诚可靠、秉公执法”的政治本色、提升“英勇善战、热诚服务”的职业素养、遵循“文明理性、严守纪律”的行为规范、继承“爱岗敬业、甘于奉献”的传统作风、坚守“清正廉洁、团结协作”的道德操守，使全体民警深刻领会人民警察核心价值观的深刻内涵，将“忠诚、为民、公正、廉洁”根植于心中，转化为基本行为模式。真正做到铸牢“忠诚”警魂，坚持党对公安工作的绝对领导，坚定不移地贯彻党的路线、方针、政策，时刻与党中央保持高度一致，推进解决个别民警政治意识、大局意识、忧患意识、责任意识弱化，有令不行、有禁不止、执行力不强的问题；真正做到坚持“为民”根本，把维护最广大人民群众的利益作为公安工作的出发点和落脚点，把人民群众是否满意作为衡量工作的根本标准，不断满足人民群众的新期待、新要求，推进解决少数民警群众观念淡漠、服务意识缺乏、特权思想严重，工作推诿拖、态度冷硬横、群众工作能力差的问题；真正做到把握“公正”精髓，将维护社会公平正义作为执法

工作的首要价值追求，既坚持严格、公正、规范执法，又坚持理性、平和、文明执法，努力实现法律效果、政治效果和社会效果的有机统一，推进解决个别单位和民警执法思想不端正、执法行为不规范、执法过程不透明、执法方式不文明、执法制度不完善、执法监督不到位，“不作为”、“乱作为”的问题；真正做到夯实“廉洁”基础，坚决抵制腐朽思想文化和不良风气侵蚀，时刻保持在监督状态下工作和生活，时刻筑牢自身的思想防线，确保在任何情况下经得起考验、抵得住诱惑、守得住底线，推进解决一些地方反腐倡廉制度规定不健全、不得力、不落实，少数领导干部存在腐败现象和一些民警违法违纪案件仍呈多发态势的问题。

(三) 加强公安民警职业道德建设，是圆满完成各项公安任务的基础保障

长期以来，广大公安民警恪尽职守、奋发有为，圆满完成了各项公安任务，有力地维护了国家安全和社会稳定，推动公安事业持续发展。当前，面对“三个期”、“四个相互交织”、“五个前所未有”的严峻挑战，面对依法治国基本方略深入实施、社会主义民主政治发展和人民群众法律意识进一步增强的客观形势，公安工作任务更加繁重，对公安民警的职业道德素养提出了更高、更严、更新的要求。

公安民警要肩负起维护国家安全和社会稳定的使命，就要切实加强职业道德建设。要通过道德认识的价值判断作用，在集体中营造相互激励、影响、监督和指正的良好道德舆论氛围，使健康向上的思想和言行得到赞誉和发扬，使落后低俗的思想和言行受到斥责和抑制，引导广大公安民警自觉接受职业道德约束，增强遵守职业道德的责任感，使全体公安民警的思想观念和行为方向最大程度地一致起来，形成强大合力，促进公安工作更好更快地发展。要通过道德情感的传递感染作用，不断强化公安民警推己及人、由人推己的情感传递方式和自我约束、互谅互让的行为控制模式，及时消除和化解集体中的不稳定因素，缓解克服人际交往过程中出现的这样

或那样的矛盾，理顺思想情绪，建设团结和谐、风清气正、干事创业的警营氛围，使广大公安民警快乐工作、幸福生活，身心愉悦地投入本职工作。要通过道德意志的控制约束作用，引导、鼓励民警立足本职，在公安工作实践中磨练道德意志，养成匡扶正义、无私无畏、积极进取的道德品质，努力追求理想的道德人格，从而使公安民警以高度的政治责任感和历史使命感，以时不我待、舍我其谁的良好精神状态，顽强拼搏，忘我奉献，全力以赴完成各项公安任务。要通过道德信念的精神支柱作用，教育公安民警正确看待工作生活中的得失成败，胜不骄、败不馁，始终保持蓬勃朝气、昂扬锐气、浩然正气，不断迎接公安工作新挑战，开创公安事业新局面。

（四）加强公安民警职业道德建设，是促进公安民警全面发展的基本途径

人的全面发展是指人的体力和智力充分、自由、和谐发展，同时包括人的才能、志趣和道德品质的多方面发展。在实践层面，“人的全面发展”首先是指人的“完整发展”，即人的各种最基本或最基础的素质如德、智、体、美等方面得到整体协调发展。胡锦涛总书记强调，“全面建设小康社会、加快推进社会主义现代化，要求我们必须把发展社会主义先进文化放到十分突出的位置，着眼于提高人的素质、促进人的全面发展，加强思想道德建设，发展教育科学文化，培育有理想、有道德、有文化、有纪律的社会主义公民。”①

职业生涯是人生历程最宝贵、最重要的阶段，职业劳动是人们获得物质和文化生活资料的根本途径，职业经历是提高个人道德素养的关键环节。公安民警只有在职业活动中按照公安民警职业道德规范的基本要求自觉进行道德磨炼，不断发现纠正自身存在的缺点和不足，才能有效提升道德素养，形成理想人格。此外，职业道德

---

① 胡锦涛：《牢固树立社会主义荣辱观》（2006 年 3 月 4 日），《人民日报》2006 年 4 月 28 日，第 1 版。

是个人事业取得成功的重要条件，加强职业道德建设是实现人生价值的重要保证。从一般属性看，公安民警职业道德规范要求每一位公安民警要有强烈的责任意识、进取意识、自律意识和积极向上的人生态度、百折不挠的坚强意志、综合全面的职业技能，等等，而这些要求都是推进个人进步、最终走向成功的必不可少的因素。同时，也有利于形成和谐的工作氛围、友好的生活环境，使民警体会不断战胜自我、塑造理想人格的精神快乐，最大程度地实现身心和谐统一。

第三节　加强公安民警职业道德建设的主要途径

加强公安民警职业道德建设，需要紧密结合公安工作和公安队伍建设实际，在继承创新的基础上积极探索行之有效的方法、措施和途径，使公安民警认真学习、深刻掌握《规范》内容，努力把《规范》要求转化为内在信念、道德自觉和基本行为方式。

一、在组织学习中引导

以推进学习型队伍建设为抓手，采取循序渐进、和风细雨、学习理论与实践思考相结合的方式，引导公安民警认真学习马克思列宁主义、毛泽东思想、邓小平理论和“三个代表”重要思想，学习科学发展观，学习党的基本路线、基本纲领和基本经验，牢固树立为建设中国特色社会主义而奋斗的理想信念，增强执行党的路线方针政策的自觉性和坚定性。激励公安民警学习继承我党追求真理、不怕牺牲、艰苦奋斗，解放思想、实事求是、与时俱进，改革创新、无私奉献的光荣传统，自觉地把崇高的理想信念同肩负的神圣使命结合起来，同脚踏实地的工作结合起来，恪尽职守，全力投入各项公安工作。组织公安民警认真学习党风廉政知识和相关法律法规，牢固树立法纪观念和组织纪律观念，知荣辱，明是非，老老实实做人，兢兢业业工作，清清白白从警。动员公安民警广泛学习现代科学文化知识，在学习中明辨事理，在思考中感悟人生，不断提升个人道德品质和思想文化素养，真正做到学以润德、学以立智、学以成才。

二、在日常工作中培养

坚持开展经常性的思想教育工作，是推进公安民警职业道德建设的源头性、基础性措施。加强领导干部作风建设，要求公安民警做的自己首先做到、做好，禁止公安民警做的自己坚决不做，用自身的模范言行为广大民警做出表率。坚持定期分析公安民警工作情况和思想动态，及时发现践行公安民警职业道德规范的典型事迹，及时予以鼓励；及时发现违背公安民警职业道德规范的问题苗头、思想情绪，坚决予以批评帮助。广泛推树具有公安特色、体现时代特征的先进典型，大力表彰宣传先进典型事迹，形成覆盖全面、群星璀璨、亮点不断的工作局面，激励教育公安民警学先进、创一流。帮助和促进公安民警个人发展，积极为公安民警搭建干事创业的平台、成长成才的道路，引导公安民警勤学苦练，努力培养坚定的思想政治基础、过硬的公安业务技能、广博的文化知识素养、健康的身体心理素质。在用足用好传统职业道德教育手段的同时，高度关注由网络技术延伸所带来的民警在认知方式和思维方式上产生的巨大变化，有效发挥网络平台舆论引导、互动交流、信息服务、自我教育的积极作用，切实增强公安民警职业道德建设的表现力、感染力和发展活力。

三、在战时环境中磨练

当公安机关在担负中心安保工作、处置重大突发事件、应对特大自然灾害时，面临超常规的工作标准、复杂情况和超常限的用警模式、工作压力，既对民警的个人意志能力提出了严峻挑战，也为推进公安民警职业道德建设提供了有利时机。要紧密结合中心工作，建立领导干部战时跟进考察和后备干部实践锻炼机制，坚持关键时刻考验干部、艰巨任务锻炼干部。广泛开展创先争优、岗位承诺、创建党团"先锋岗"和"示范岗"等岗位建功竞赛活动，引导民警在本职岗位上比工作、比干劲、比业绩。主动适应全面开放、高度透明、广受关注的特殊执法环境，有针对性地组织执法培训和模拟演练，努力提高公安队伍规范执法的思想意识和工作技能，教育公安民警面对挑衅或复杂情况不冲动、不感情用事，坚持严格、公正、文明执法，主动接受执法监督。及时开展火线谈心、战地交流等活动，教育公安民警面对艰难险阻不退缩、面对成绩荣誉不懈怠，培养塑造坚忍不拔、百折不挠、沉着冷静的优秀品质。严格落实各项规章制度，加大现场督察工作力度，使民警严守政治纪律、组织纪律和工作纪律，始终做到立场坚定、服从命令、执行有力、清正廉洁。

四、在文化生活中熏陶

充分发挥公安文化潜移默化、养德固本的功能，使公安民警在文化熏陶中提升思想境界、强化职业道德。一是要营造助推公安民警职业道德建设的环境氛围。采取集中培训、演讲辩论、悬挂张贴标语海报等方式，向公安民警宣传《规范》内容，诠释加强公安民警职业道德建设的重要意义；推进文化长廊、荣誉陈列室、"警官之家"及革命传统、爱国主义教育基地建设，拓宽公安民警职业道德建设的阵地。二是要创作优秀公安文化作品。深入挖掘、热情讴歌公安队伍中可歌可泣的感人事迹，设计、制作反映公安民警职业道德规范内容的LOGO、动漫、短信、歌曲、影视剧、宣传短片，编排演出宣传公安民警职业道德规范的文艺节目，使公安民警在感同身受中不断增强建功立业的工作激情。三是要坚持开展警营文化活动。适时组织体育比赛、文艺演出、读书创作、才艺展示、社会实践等健康向上、覆盖面广的群众性文化活动和对外文化交流活动，切实增强公安民警的归属感、荣誉感和进取心，有效激发队伍活力。

五、在严格管理中强化

一是要健全制度规范，依照《公安机关人民警察职业道德规范》和《人民警察法》、《公安机关人民警察纪律条令》、《中国共产党党员领导干部廉洁从政若干准则》具体内容以及公安部“五条禁令”、“五个严禁”要求，细化形成各项制度规范，对公安民警的思想教育、日常管理、内务卫生、执法执勤等事项作出明确规定，狠抓贯彻落实，使符合公安民警职业道德规范的行为得到鼓励，违背的行为受到约束。二要建立公正透明的领导干部选拔任用工作机制。推行初始提名负责制、任免干部票决制、差额推荐和竞争上岗制度，确保优秀人才走上领导岗位；坚持日常考察、任职考察与延伸考察相结合，实现能者上、平者让、庸者下，使各级领导干部始终保持良好的工作状态，不断提高履行职务的能力，树立正确的用人导向。三是要加强具有公安特色的惩防体系建设。组织公安民警认真学习党风廉政各项法律法规，狠抓警示教育，及时排查分析违法、违纪、违规苗头，有针对性地落实整改措施。拓宽领域，整合资源，努力加强内外监督，健全完善长效监督机制。加大对领导干部和公安民警违法违纪案件的查处力度，并严格追究相关责任。

第二章　忠诚可靠

忠诚是中国传统文化的重要内容，是中华民族的传统美德。忠于党，忠于国家，忠于人民，忠于法律，是公安机关人民警察最基本的职业道德规范。

第一节　忠诚可靠的主要内容

“忠诚可靠”作为公安机关人民警察职业道德的首要规范，其主要内容及要求包括听党指挥、热爱人民和忠于法律三个方面。

一、听党指挥

听党指挥就是坚持党对公安工作的绝对领导，拥护党的领导，巩固党的执政地位。

任何社会中都不存在超阶级的民主，警察作为国家机器的重要组成部分，是维护国家稳定的武装执法力量，历来都是为统治阶级服务的。同时它也是贯彻统治阶级的意志、利益、法律的重要工具。因而，任何一个统治阶级为了维护和巩固统治，都必然将警察置于自己的牢牢掌控之中。在西方国家，统治阶级无不对警察进行严格的控制。美国联邦调查局 FBI 将“忠诚（Fidelity）”、“勇敢（Bravery）”、“正直（Integrity）”作为自己的座右铭。《法国国家警察守则》第 7 条规定，国家警察官员忠实于共和制度；第 14 条规定，警察官员应当忠实地执行指挥机关给予的命令，应对这些命令的执行或不执行的后果负责。

1991 年，中共中央在《关于加强公安工作的决定》中指出：

“公安工作必须置于党的绝对领导下”。“国家安危系公安于一半”，公安机关作为党和国家的坚强柱石，为了维护国家的安定，保障社会主义现代化建设的顺利进行，必须坚持党对公安工作的绝对领导，并对党保持高度忠诚。

新中国成立以来，我国社会物质条件得到巨大改善，人民的生活水平不断提高，已经实现从温饱到小康的转变，正朝着建设更高水平的全面小康社会而努力。只有坚持党的领导才能保证社会主义的本色，才能保证国家朝着繁荣富强的方向前进，人民的利益才能得到充分的实现。

进入21世纪，我国正处于社会发展的关键阶段，机遇与挑战并存。改革开放三十多年，我国经济建设和现代化建设取得了辉煌的成就，国民生产总值跃居世界第二位。由于意识形态和社会制度的差异，西方国家一直视中国为强有力的竞争对手和潜在的巨大威胁。历史和实践告诉我们，他们不会放松对我国的各种渗透和和平演变，尝试通过各种方式干预我国内政，妄图动摇党的执政地位。听党指挥，坚持党对公安工作的全面领导事关社会主义现代化建设的成败，关系到全体中国人民的利益和福祉。广大公安民警必须时刻提高警惕，坚定信念，抵制形形色色的利益诱惑，树立忠诚本色，同各种试图削弱党的执政地位，分裂国家的图谋进行坚决的斗争。

二、热爱人民

热爱人民就是公安民警在工作中要坚持党的群众路线，严格执法，热情服务，把人民群众的公共安全需要作为公安工作的出发点和立足点。

马克思、恩格斯在《共产党宣言》中指出：“过去的一切运动都是少数人的或是为少数人谋利益的运动。无产阶级运动是绝大多数人的、为绝大多数人谋利益的独立的运动。”① 2000年，江泽民

① 《马克思恩格斯选集》第1卷，第262页。

同志在提出“三个代表”重要思想时指出：因为我们党是代表广大人民群众根本利益的，所以全党同志的一切工作都是全心全意为人民服务的，都是为了实现好、发展好和维护好人民的利益，任何脱离群众，任何违反群众意愿和危害群众利益的行为，都是不允许的。公安机关大多数工作人员都是党员，作为国家公务员，特别是党员干部，公安民警在公安工作中必须以身作则带头践行“三个代表”重要思想，怀着对人民群众的深厚感情投入到为人民服务的事业中去。我国宪法规定国家的一切权力属于人民，人民警察的权力是人民赋予的。《中华人民共和国人民警察法》（以下简称《人民警察法》）第3条明确规定：“人民警察必须依靠人民的支持，保持同人民的密切联系，倾听人民的意见和建议，接受人民的监督，维护人民的利益，全心全意为人民服务。”因而，热爱人民，为人民服务既是一种信仰，一种价值观，同时也是一种职业道德要求。

公安机关是人民民主专政的重要工具，人民警察是武装性质的国家治安行政力量和刑事司法力量，承担依法预防、制止和惩治违法犯罪活动，保护人民，服务经济社会发展，维护国家安全，维护社会治安秩序的职责。公安机关主要职能的履行都离不开人民群众的配合，人民群众既是公安工作的服务对象，也是做好公安工作的社会力量源泉。20世纪60年代西方兴起的社区警务，其核心是警察进驻社区，依靠社区群众预防犯罪。从本质上说，这和我国的公安工作的群众路线是一致的，同时也是对传统警务的回归。公安民警只有热爱群众，深入到人民群众中去，成为他们的贴心人，将“情”沉下去，才能获得人民的认可和支持，也才是无愧于警察前面的“人民”二字。但是，现在在部分公安民警中还存在着一些过时的观念和特权思想，“脸难看”、“门难进”、“话难听”、“事难办”，使得公安机关和公安民警在群众心中的形象大打折扣，从而严重影响公安执法的公信力，甚至出现警民冲突的现象，既伤害了警民感情，也导致公安工作难以有效开展。因此，在新时期公安民警要重新定位自己的角色，正确处理好“公仆”与“人民”，“权力”与“服务”的关系。

三、忠于法律

忠于法律是指，作为执法者，为体现执法的正义和公平，公安民警在公安工作中必须坚持有法必依，执法必严，违法必究，坚决同一切违法犯罪行为作斗争。

坚持依法治国与以德治国相结合，既是时代发展的要求，也是建设社会主义法治国家和和谐社会的必然要求。衡量一个国家发展程度的重要标准之一就是其法治程度。经过六十多年的发展，我国已经基本建成了中国特色的社会主义法律体系，法治的观念也不断深入人心。法律是规范人们行为和调整相互之间关系的依据，也是维护社会秩序、保证社会稳定的基石。公安民警作为具有武装性质的国家治安行政力量和刑事司法力量，掌握着人民和国家赋予的强制力，直接影响到公民的人身自由和财产等众多权利，执法质量关乎人们的切身利益。《人民警察法》第 4 条规定：“人民警察必须以宪法和法律为活动准则，忠于职守，清正廉洁，纪律严明，服从命令，严格执法”。第 20 条规定：“秉公执法，办事公道”。因而，公安机关必须树立起崇尚法律，忠于法律的信念，否则必然会导致手中权力的异化。

忠于法律是公安机关和公安民警树立执法权威、提高执法公信力的需要。当前，作为世界上最大的发展中国家和新兴经济体，我国正在完善社会主义市场经济体制，正处于关键的社会转型期，这一时期既是经济大发展的黄金阶段，同时也是各种社会矛盾频发的不稳定时期，机遇和挑战并存。公安机关处于行政管理和刑事执法的第一线，能否做到忠于法律、秉公执法直接会影响到执法权威的树立和社会的稳定。我国公安机关在正规化和现代化建设中取得了重要成就，但是也还存在着部分公安民警综合素质不高、法律意识淡薄、法治观念不强、执法不规范、重实体轻程序等现象，使得对案件的处理手段单一粗暴，缺乏权威，这也在无形之中增加了法律贯彻执行的难度。应当说，法治建设是公安机关的一项关键性基础建设。法治既管局部又管全局，既管一时又管长远，既管业务又管队伍，是一项战略性、全局性、基础性、保障性的工作。抓住这个问题，就能牵住公安工作的牛鼻子，占领公安工作的制高点，赢得公安工作的主动权，增强公安工作的可持续发展能力。

第二节　忠诚可靠的基本依据

一、“忠诚”是中华传统美德

“忠诚”是中华民族传统伦理道德规范的重要内容，历经几千年的发展，其内涵虽有所变化，但其最本质的内容基本未变。它通过博大精深的中国传统文化源远流长的传承，逐渐积淀于人们的内心之中，并成为中华民族的一种思维定式和行为活动的规范。

“忠”的思想萌芽，最早可以追溯到原始社会时期。据资料考证，通过对原始社会后期“中”的研究，发现了“中”与“忠”之间的联系，“忠”发源于“中”，“忠”即是由“中”字演变发展而来。它体现了氏族和部落民众对其首领这一权威中心的确认与服从，同时也表达了对公平、公正的早期政治准则的向往与追求。[①] 然而，正如学者王子今先生所指出的那样：“早期的‘忠’作为一种公正意识和平等意识的内涵后来渐次淡薄，而与权威政治有关的意义越来越突出，这是和政治史演进的基本趋势有关的。”从春秋战国时期开始，大量典籍中就已经出现“忠”的概念。例如，《左传·桓公六年》中，季梁劝随君说：“所谓道，忠于民而信于神也。上思利民，忠也。”“忠”，在这里是对待子民应尽心竭

① 解颉理：《中国古代忠观念的渊源》，《湖州师范学院学报》2008 年 10 月第 5 期，第 44 页。

力的意思。《大戴礼记·卫将军文子》记有孔子关于“四德”的言论，意思是说，“忠”是孝、弟（梯）、信、忠“四德”之一。《孟子·告子上》有“天爵”之说：“仁、义、忠、信，乐善不倦，此天爵也。”在孟子的“天爵”伦理范畴集合体中，“忠”与“仁”、“义”、“信”三者共同构成“天爵”的具体内容。① 随着社会政治生活的发展，尤其是经过儒家学派的不断充实，“忠”的内涵得到更进一步的丰富和完善，成为中华民族传统道德中的重要内容。《荀子·臣道》曰：“有大忠者，有次忠者，有下忠者，有国贼者。以德复君而化之，大忠也；以德调君而辅之，次忠也；以是谏非而怒之，下忠也；不恤君之荣辱，不恤国之臧否，偷合苟且以持禄养交而已耳，国贼也。”② 在辛亥革命之后，人们对以前的思想重新进行认识，作为传统道德规范之一的“忠”也延续下来，并继续丰富发展。孙中山在《三民主义·民族主义》演讲的第六讲中指出：“讲到中国固有的道德，中国人至今不能忘记的，首是忠孝，次是仁爱，其次是信义，其次是和平。这些旧道德，中国人至今还是常讲的。”于是忠、孝、仁、爱、信、义、和、平遂被定为国民需人人恪守的新“八德”。③

在古今汉语中，“诚”字包含诚信、真心、实在等意义。《说文解字》释曰：“诚，信也。”另如人们常用的诚恳，诚实，诚然等。“忠”、“诚”二字相连，构成“忠诚”一词，谓真心诚意，无二心。《荀子·尧问》曰：“忠诚盛於向，贲於外，形於四海。”

① 裴传永：《中国传统忠德观的历时性考察》，博士学位论文，山东大学，2006年，第15页。

② 鲁定公问道：“君主使用臣子，臣子服侍君主，该怎么做呢？”孔子回答说：“如果君主能以礼待臣子，那么臣子不也会尽心尽力去做君主所任命的事。”转引自童伟娟：《论我国当代人民警察的忠诚观》，西南政法大学硕士研究生论文，2011年，第2页。

③ 裴传永：《中国传统忠德观的历时性考察》，博士学位论文，山东大学，2006年，第18页。

随着社会的发展，人们不断向“忠诚”的思想和观念中注入了新的内容，同时也将时代的特点和发展的要求融入其中。发展到今天，“忠诚”的内涵基本上包含以下几层含义：一是政治伦理范畴，它包括对国家、政府的忠诚；二是道德伦理范畴，也就是广义上的忠，包括在生活和工作中对亲人、师长、朋友、上级的忠诚；三是更高一层的忠，把对人民和民族的忠诚作为自己的责任和义务。

二、忠诚可靠是由公安机关和人民警察的政治属性决定的

在警察前面冠以“人民”二字，体现了公安民警与人民之间的鱼水关系，体现了人民警察的政治属性。我国公安工作的基本原则是坚持党的领导，公安工作的基本路线是“从群众中来、到群众中去”的群众路线。这是因为我国是人民民主专政的社会主义国家，人民是国家的主人。

周恩来总理曾指出：“国家安危，公安系于一半。”胡锦涛总书记在全国第二十次公安会议上指出：“要坚持把政治建警放在公安队伍建设的首位，把忠诚作为警魂，保证公安队伍始终忠于党，忠于祖国，忠于人民，忠于法律。”人民警察是一支具有武装性质的治安行政和刑事执法队伍，行使着人民赋予的权力，肩负着打击违法犯罪行为，维护社会稳定，保障人民安居乐业的重任。任何一个国家的统治阶级为维护自己的统治秩序，巩固自己的统治地位，都要建立包括军队、警察、法庭等在内的执行统治阶级意志、忠于统治阶级的国家机器。警察机关是国家机器的重要组成部分，是统治阶级实行阶级统治和阶级压迫的暴力工具，其性质决定于一个国家的国体。我国公安机关和人民警察作为人民民主专政的重要力量之一，在国家政权中占有重要地位，担负着巩固共产党的执政地位、维护国家长治久安、保障人民安居乐业、服务经济社会发展的重大政治和社会责任。由于公安机关和人民警察的这种特殊性和重要性，决定了其不同于其他行业和政府部门的职业道德特征，建设

一支强大的公安队伍离不开人民警察对于党，对于祖国，对于人民和法律的无限忠诚。

三、忠诚可靠是对人民警察的法律规定和道德要求

新中国成立之后，中华民族的历史翻开了崭新的一页，继承了人民军队优良传统的人民警察队伍，从建立之日起就肩负起了党和人民的重托，忠诚可靠地履行着自己的职责。对此，党和政府高度重视，制定了相应的法律法规进行规范。《人民警察法》第一章第4条规定："人民警察必须以宪法和和法律为活动准则，忠于职守，清正廉洁，纪律严明，服从命令，严格执法。"《公安机关组织管理条例》第二条规定："公安机关是人民民主专政的重要工具，人民警察是武装性质的国家治安行政力量和刑事司法力量，承担依法预防、制止和惩处违法犯罪活动，保护人民、服务经济社会发展，维护国家安全，维护社会治安秩序的职责。"

改革开放以来，我国社会经历了由计划经济向市场经济的转变，人民物质和文化生活得到巨大改善的同时，思想观念也逐渐发生了变化。尤其是公安机关和公安民警在执行公务时，不仅要面对穷凶极恶的犯罪分子，还要抵制形形色色的诱惑，在利益面前不为所动，保持本色，需要对于党、对于人民和法律的高度忠诚。因此，为了进一步加强公安民警的思想道德建设，1994 年，公安部颁布了包括"对党忠诚"内容在内的《人民警察职业道德规范》，2011 年又在此基础上，对公安机关人民警察的职业道德规范进行了修订和完善，颁布了包括"忠诚可靠"内容在内的新的《公安机关人民警察职业道德规范》。

第三节　忠诚可靠的具体要求

加强公安机关人民警察职业道德建设，致力于忠诚观的培养，建设一支政治觉悟高、业务素质硬、精神面貌好的新时期人民警

察，必须从以下几个方面努力。

一、坚持党对公安工作的绝对领导，反对“警察中立论”

“警察中立论”认为警察是国家的，主张警察与政党分离，警察行政应与政治分离，它只执行法律，不参加政党活动，不能成为政党竞争的工具，不偏袒任何政党。而马克思主义国家学说认为，任何一个国家都具有政治统治和社会管理的双重职能。国家职能的双重性决定了警察职能的双重性。由于国家政权的稳定是阶级统治的根本问题，只有牢固的政治统治，才能按照统治阶级的意志去行使社会管理职能，所以，警察的政治统治职能通常居于首要地位。①

警察是统治阶级进行政治统治的工具，任何国家都不例外。历史发展到近代，人们的法治意识和权利观念不断加强，对于自己的利益需求也更加明确，因而警察的社会管理和社会服务职能不断加大。西方资本主义国家开始宣传“福利警察”或者“警察中立”的观点，然而，西方国家事实上绝大多数实行的是“两党制”或者“多党制”的资产阶级政党制度，表面是轮流执政，实质上是代表资产阶级内部不同利益集团的党派通过这种方式来协调相互之间的利益，而对工人阶级和广大人民群众则实行政治统治。因此，不管西方国家如何宣传警察与政党分离的观点，警察作为维护资产阶级统治工具的性质依然没有改变。我国是人民民主专政的国家，人民是国家的主人。中国共产党代表工人阶级和广大人民群众治理国家，代表最广大人民群众的根本利益。因此，人民警察作为维护我国人民民主专政的国体的执法队伍，必须坚持党对公安工作的绝对领导。

① 黄生鹏，沈国文，吴建辉：《人民警察职业道德论》，南京大学出版社，2001年12月第1版，第79～81页。

二、要以先进人物为榜样，在公安工作中践行忠诚观

榜样的力量是无穷的，典型榜样是组织精神和组织文化的人格化身与形象缩影。能够以其特有的感染力、影响力和号召力为组织成员提供可以仿效的榜样，而组织成员也正是从英雄人物和典型榜样的精神面貌、价值追求、工作态度和言行表现之中深刻了解到组织文化的实质和意义。尤其是组织发展的关键时刻，组织成员总是以榜样人物的言行为尺度来决定自己的行为导向。①

公安队伍是一个英雄辈出的群体，他们坚毅的面庞令犯罪分子闻风丧胆，温存的话语让人民群众感到贴心，他们用自己的满腔热血和实际行动书写着对党、人民和公安事业的无限忠诚。“在罪犯面前。她铁面无情；在人民面前，她柔情似水。维护正义、保卫人民，是她不可动摇的信念。威武不屈、富贵不淫，是她肝胆照人的境界。长街已经相送，热线依然有声。她以自己执法为民的模范行为和无私奉献的崇高品德，树立起了一座永恒的丰碑，完成了一个警察对人民的庄严承诺。”这是 2004 年“我最喜爱的十大人民警察”评选委员会给“巾帼英雄”任长霞的颁奖词。任长霞同志从警 21 年，从一名普通的公安民警到公安局局长，她为了党和人民群众竭尽全力，忠实履行自己的职责，直到生命的最后一刻还在为了公安事业而奔波，在平凡的工作中做出了不平凡的业绩。她在人民群众心目中立起了一座永远的丰碑，她的事迹感动和激励着公安战线上的所有同志。境外毒枭悬赏 500 万人民币要他的项上人头，犯罪分子曾两次绑架他 3 岁的儿子未遂，他的家曾遭到贩毒分子自制的多枚汽油弹的袭击，但他没有低头，他就是“缉毒先锋”明正彬。他以一颗对党和公安事业的忠诚之心，奋斗在缉毒第一线，“感动中国·2004 年年度颁奖人物”评选委员会称他从事的缉毒事

---

① 周三多，陈传明，鲁明泓：《管理学—原理与方法》，复旦大学出版社，2006 年 6 月第 4 版，第 212 页。

业是“刀尖上的舞蹈”，而他就是在“刀尖上跳舞的人”。

三、将忠诚可靠思想作为警察文化建设的重要内容

党的十七大报告指出：“当今时代，文化越来越成为民族凝聚力和创造力的重要源泉，越来越成为综合国力竞争的重要因素，丰富精神文化生活越来越成为我国人民的热切愿望。”鉴于文化对于人的塑造作用和对人们行为的重要影响，再加上公安机关行业的特殊性，使得警察文化建设成为公安队伍建设的重要组成部分。警察文化是警察共有价值取向的体现，它是公安民警在工作实践中逐渐形成的，反映了警察行业的特点和公安民警的需要，是提高广大公安民警综合素质的重要平台。将人民警察忠诚教育融入警察文化之中，从而形成一种强烈浓厚的氛围。

“忠诚可靠”作为一种价值观念和行为导向，是一种长期的习惯养成和积累，因此忠诚意识的培养既需要规章制度的“硬”管理，又需要在精神文化方面的“软”输入。这种输入可以通过警察文化建设来进行。首先，公安机关根据部门特点和实际需要，通过公安民警喜闻乐见的形式展开忠诚教育。例如，邀请公安机关英雄模范和先进典型同广大公安民警进行面对面的交流、座谈，说心里话，谈身边事，通过倾听英雄故事和事迹，将无形的忠诚观念和思想化为有形，深入公安民警心中；或者邀请地方高校的教授、学者给公安民警做忠诚思想的讲座，中国传统文化博大精深，忠诚思想源远流长，帮他们树立忠诚可靠的意识并化为实际行动。其次，环环相扣，建立人民警察忠诚教育的终身机制。人民警察的忠诚教育，包括公安院校教育，入警宣誓，晋升培训，“三个必训”[①]和工作中其他多种形式的宣讲等多个环节。对于这些环节必须高度重视，形式是内在本质思想的外在表现，将它们有机的集合起来，形

①“三个必训”，即新警上岗必训、职务和警衔晋升必训、基层和一线民警每年实战必训。

成从校园到警局这样一个环环相扣，贯穿整个公安民警职业生涯的教育机制。最后，举行形式多样的交流会，开展丰富多样的宣传活动。由于工作的原因，广大基层公安民警很少有时间能够集合起来共同探讨问题，进行交流，而这种形式又是培养忠诚观的最有效方法之一。因此，将这些机会利用起来，充分发挥广大党员的带头作用，踊跃发言，将自己的认识和感受与大家分享。

四、要坚持从优待警，保障人民警察的合法权益

“立警为公，执法为民”，“全心全意为人民服务”是人民警察作出的庄严承诺，作为人民的守护者，法律的忠实捍卫者，人民警察一直延续着讲付出，讲奉献的传统。这些优良的传统在工作中至今仍发挥着重要的作用。伴随着公安队伍正规化和现代化建设的顺利进行，公安民警的待遇有了大幅度的提高，各项权益也基本得到法律法规的保障。但是相比较其他行业而言，公安民警的待遇还存在一定的差距，而且工作压力大，危险性高。因此，为了使公安民警能够全身心地投入到为人民服务的事业中去，落实相应的待遇是必要的。坚持从优待警，使广大公安民警充分感受到党和组织的温暖和关心，对于拒绝各种诱惑，永葆忠诚之心有着十分重要的意义。

首先，我们注重依法保障民警的工资和福利待遇。《人民警察法》对警务保障有专章规定，包括法律保障、社会保障、后勤保障和技术保障以及工资和福利待遇保障。工资和福利是公安民警安家立业的基础，根据社会经济发展状况，参照其他行业的标准，适当提高公安民警的工资和福利待遇，使公安民警没有后顾之忧，对于提高他们工作的积极性和保障警察行业的稳定性具有十分重要的作用。其次，完善相应的法律法规，落实公安民警休息、休假、培训等权利。工作压力大，休息时间少是广大基层公安民警生活的真实写照。有调查显示，中国一线民警平均每天工作 11~15 个小时，平均 3 周才能休息 1 天。充足的休息既是开展高强度工作的保证，也是缓解公安民警身心疲劳和精神压力的基本方法。而参加各种培训使他们的能力不断得到提升，这既是工作的需要，也是精神上的鼓励，使他们对自己的工作前景充满希望，精神百倍地投入到工作中去。最后，明确相关法律法规，严厉打击各种侵犯警察权益的行为。《人民警察法》第5条规定："人民警察依法执行职务，受法律保护"。将《人民警察法》中保护警察合法权益的原则性法规具体化，并制定具体的法规，对于侵犯警察权益的行为予以惩处，保障民警的执法权益，使他们敢于执法。

五、要完善警务监督和公开机制，推行阳光执法

树立坚定的忠诚观不仅需要从正面给予引导、塑造和培训，还需要完善的监督机制，这是从另一个方向上对于忠诚意识的深化，是广大公安民警从思想意识上给予的高度的重视。作为执法人员，仅仅树立忠诚可靠的观念是不够的，如果缺乏强有力的外部监督，忠诚的意识就可能会由于受到外部利益的冲击而弱化，最终背离本职工作性质的行为产生。"阳光是最好的防腐剂"，及时公开警务信息，使人民群众参加到警务工作和执法活动的监督中去，去了解公安机关，去了解公安民警，形成警民互动，这也是强化公安民警忠于党、忠于人民、忠于法律的必要条件。

首先，整合各种监督力量，形成合力。对于警务工作和执法活动，既有公安机关内部的监督，也有外部的人大、政协、检察院等部门和社会各界的监督，但是这些监督力量长久以来都是独立行使各自的监督职权。如果通过协调将这些监督力量有机地结合起来，形成一个整体，会大大提高监督的效力。其次，充分发挥"公安微博"等各种平台受众面广的优势，及时公布有关信息，接受社会监督。对于公安机关机密信息和法律规定的保密信息的之外的警务信息，及时向社会公布，既满足人们的知情权，也使得广大公安民警在工作中严格要求自己，从而起到监督和督促的作用。最后，广大公安民警要改变传统的观念和意识，树立自觉接受监督的意识。公安民警作为国家工作人员，是人民公仆，是为人民服务的。立足本职岗位，做好各项工作是理所应当的。因此，要改变过去传统的封闭思想，欢迎人民群众对自己的工作进行监督，这样才能在工作中不断地进步，牢固地确立忠诚可靠的思想观念，提高自己为人民服务的能力，这是公安机关人民警察职业道德的必然要求。

第三章 秉公执法

秉公执法是指人民警察在执法活动中，一切以国家和人民的利益为重，严格地依法办事，认真地履行职责，公道地处理好问题，始终坚持“以事实为根据，以法律为准绳”的执法原则，自觉维护法律的严肃性，努力做到事实为据、秉持公正、惩恶扬善。秉公执法是人民群众对公安机关的根本要求，是人民警察职业道德规范中具有全局意义的基本道德规范。

第一节 秉公执法的主要内容

“秉公执法”作为公安机关人民警察职业道德的重要规范，其主要内容及要求包括：事实为据、秉持公正、惩恶扬善。

一、事实为据

以事实为根据，是我国法律适用的一项基本原则。我国刑法、民法通则、“三大诉讼法”及法院、检察院组织法等均对之作出明确规定。“以事实为根据，以法律为准绳”是秉公执法的根本要求，一切执法人员都必须遵守。对于公安机关来说，事实为据，就是处理案件只能以客观事实作为依据，不能以主观的想象、推测或者想当然为依据。事实为据，要求公安机关必须依法收集证据，尽可能地查明案件的事实真相，使案件的实体问题或程序问题的解决都奠定在证据能够充分证明的客观事实基础之上，而不能把主观想象、推测、怀疑作为处理案件的根据。为此，《刑事诉讼法》第44条进一步规定：“公安机关提请批准逮捕书、人民检察院起诉书、人民法院判决书，必须忠于事实真相。故意隐瞒事实真相的，应当追究责任。”为了保证公安司法机关能够查明案件的事实真相，《刑事诉讼法》对拘留、逮捕等强制性措施的适用条件以及立案、侦查终结、决定起诉和判决的事实条件均做出了明确的规定，还具体规定了证据的种类、证人的资格、收集证据的一般原则和审查判断证据的方法。

查明案件事实真相是依据法律规定推进诉讼进程或对案件做出处理结论的前提，如果案件事实没有查清，或者弄错了，就很难正确适用法律。要做到事实为据，必须真正确立实事求是的执法意识和执法精神，严禁有法不依、执法不严、贪赃枉法。为此，公安民警必须把实事求是的思想路线贯穿于执法活动的全部过程中，追求实体公正和程序公正。在侦查案件中，要牢固树立证据意识，重证据，重调查研究，不轻信口供，做到求真、求实、深入细致地调查取证，防止取伪证，杜绝造假证；在审查案件中，要做到认真、细致、严密，判断准确，防止主观臆断、先入为主；在处理案件中，要谨慎细致，做到定性准确，适用法律得当，坚持实事求是，发现错误及时纠正。在办案中坚持实事求是的思想，不仅体现在实体上，而且要体现在程序上，程序公正是实体公正的保障。要严格依照法律规定的程序办，禁止违法办案、越权办案、在法律规定的范围内寻求客观的真实和实体的公正。

二、秉持公正

公正是人类最古老的道德范畴之一，是人类社会追求的永恒价值理想。现代文明中，公正更成为衡量一个社会法治水平和文明程度的重要标志。秉持公正，是指公安民警在公安执法实践活动中，必须具备高度的法制观念，向法律负责的责任意识和科学严谨的工作态度，行使警察权力必须公道正派，坚持以事实为根据，以法律为准绳，自觉做到有法可依、执法必严、违法必究，不为权力、金钱和其他私利所动，做到公正执法。

公平正义是我国构建社会主义和谐社会的题中应有之义。也是人民警察执法工作的首要价值追求。2005 年，胡锦涛总书记在省部级主要领导干部提高构建社会主义和谐社会能力专题研讨班的讲话中指出："公平正义，就是社会各方面的利益关系得到妥善协调，人民内部矛盾和其他社会矛盾得到正确处理，社会公平和正义得到切实维护和实现。"2010 年 3 月 14 日，温家宝总理在十一届全国人大三次会议闭幕后举行的中外记者会上，回应海内外关注的热点问题时曾表示，中国的发展不仅是要搞好经济建设，而且要推进社会的公平正义，促进人的全面和自由的发展，这三者不可偏废。中国要推进经济体制改革、政治体制改革以及其他各方面的改革，其根本目的就是要促进生产力的发展，实现社会的公平正义。他说"公平正义比太阳还要有光辉"。

作为人民警察执法追求的公平、正义，就是要求人民警察在执法中要秉持公正，捍卫法的权威和尊严，树立人民警察的执法权威和政府的公信力。公安机关，是维护社会公平正义的机构，是社会和谐的守护神。秉持公正是公安机关的安身立命之本，也是人民警察职业道德的核心，是人民警察职业道德的精髓。党和国家赋予人民警察许多重要权利，能不能做到公正执法，直接关系到公安机关的良好形象和执法权威，关系到党的声誉和国家法律的尊严。特别是在社会上各种错误思潮和市场经济负面效应的影响下，如果不把公正摆在公安执法活动的突出重要位置，就很容易产生以情代法、权钱交易等消极腐败现象，任其发展下去，就极有可能放纵敌人、伤害人民、损害国家的根本利益。因此，公安民警在执法实践中，应当牢固树立公正意识，学法懂法，增强法制观念，做到以事实为根据、以法律为准绳，排除干扰，刚正不阿。

三、惩恶扬善

在社会主义社会中，维护社会公平与正义，打击各种犯罪，保护人民群众，是对国家政权的基本要求，也是每一位公民应尽的义务。惩恶扬善，就是惩戒恶行，显扬善举。对人民警察来说，就是坚决惩处一切为非作歹、危害国家和人民利益的邪恶势力和犯罪活动，弘扬各种以实际行动捍卫国家和人民的利益，同违法犯罪活动作斗争，维护法律尊严的正义活动与善举。惩恶和扬善是公安民警职业道德不可分割、有机统一的两个方面，惩恶扬善是公安民警服务人民的本质要求，也是自己应尽的职责。公安民警只有惩恶扬善，才能为人民群众营造一个安居乐业的工作和生活环境，为发展社会主义市场经济、构建和谐社会创造良好的条件。

公安民警做到惩恶扬善，首先要打牢执法为民的思想基础，必须在各项执法工作中，真正把人民群众的呼声作为第一信号；把人民群众的需要作为第一选择；把人民群众的利益作为第一考虑；把人民群众的满意作为第一标准，以最广大人民的根本利益作为全部公安工作的根本出发点和落脚点，坚决维护人民群众的合法权益。其次要坚决依法打击各种严重犯罪活动，惩治违法犯罪分子，坚决遏制刑事犯罪活动的高发势头，坚决扭转少数地方治安混乱的局面，确保社会治安大局稳定，确保人民群众安全感不断增强。再次要扶危济困，助人为乐，时时处处把人民群众的疾苦放在心上。当各种自然灾害事故发生时，公安民警要冲锋在前，奋力拼搏，拯救人民群众于危难之中；当人民群众遇到困难时，要急人民群众之所急、想人民群众所想，为人民群众排忧解难。最后要扶持、伸张正义，勇于同社会丑恶现象作斗争，做见义勇为的带头人和模范。把坚持打击犯罪和保护人权有机结合起来，追求效率与实现公正有机结合起来，执法形式与执法目的有机结合起来，坚持对法律负责、对党负责、对人民负责。

第二节　秉公执法的基本依据

一、秉公执法是由公安机关和人民警察的性质决定的

公安机关是人民民主专政的重要工具，人民警察是武装性质的

国家治安行政力量和刑事司法力量，担负着维护稳定、惩治犯罪、保护人民、服务现代化的重要职责，具有刑事、行政双重执法责任。其特殊的性质、任务和职权决定了公安机关的一切警务活动都必须严格依法办事，这是党和人民对公安机关和人民警察的基本要求，也是人民警察最起码的职业责任。[①] 因此，公安民警作为执法者，在行使职权的时候，必须坚持秉公执法。列宁称公安机关为“出鞘的宝剑”，毛泽东称其为“一把刀子”。掌握“宝剑”和“刀子”的人，掌握得好方能打击敌人，保护人民；掌握得不好，就容易伤害人民，放纵敌人。无论错在哪一方，无论错在什么地方，都会使人民群众的正当权益和国家利益受到不应有的损害。衡量是否掌握得好的一个重要标准，就是看是否做到了秉公执法。秉公执法是公安民警的优良传统，也是公安民警必须具备的职业道德。每个公安民警都应当自觉地把秉公执法作为自己的道德信念，做秉公执法的模范。[②]

二、秉公执法是公安机关和人民警察的法律责任

法律责任，是指行为人在实施违法行为后所要承担的法律后果。公安民警的法律责任是指公安民警实施了违反《人民警察法》和其他法律法规所规定的行为后应当承担的法律后果。《人民警察法》等法律法规赋予了人民警察执法的权利，与此相对应，法律也规定了人民警察的义务、纪律和责任。与其他部门或机关相比，公安机关在执法等社会管理活动中与人民群众的切身利益关系最为密切、最为广泛，确立和规定人民警察法律责任的目的是规范警察的行为，更好地维护广大人民群众的合法权益。[③]

---

① 韩迎光：《人民警察职业道德》，中国人民公安大学出版社，2004 年第 1 版，第 103 页。

② 史绍省、郭桂玲、许跃强：《人民警察职业道德读本（修订本）》，中国人民公安大学出版社，2002 年第 2 版，第 70 页。

③ 张爱国：《人民警察职业道德概论》，中国人民公安大学出版社，2010 年第 1 版，第 75 页。

在法治比较健全的国家，法律在明确警察的职权，义务和纪律的同时，也规定了警察的法律责任。如英国、法国、德国、俄罗斯、日本等国的警察法律中都有关于警察违反纪律和法律，应当受到纪律处分和承担法律责任的明确规定。在社会主义国家，则是通过法律的形式更有效地促进公安民警的秉公执法，以维护社会主义法治、维护社会的和谐稳定，维护广大人民群众的合法权益。[①] 早在1957年，第一届全国人大常委会制定颁布的《中华人民共和国人民警察条例》中，就对人民警察的法律责任有了明确的规定："对违反纪律和失职的人员，可以分别情节给予警告、记过、禁闭、降级、降职、撤职等纪律处分"，"人民警察如果违法失职已构成犯罪，应送人民法院审判"。1995年颁布实施的《人民警察法》规定的人民警察法律责任既有行政处分和刑事责任，也有侵权赔偿责任；既有行政处分和刑事责任适用的具体范围，也有在必要时可以采取的措施；既有一般的规定，也有违反规定使用武器、警械的法律责任和专门规定，从而使得人民警察责任的规定更加全面和严谨。例如《人民警察法》第48条规定，对人民警察的行政处分为警告、记过、记大过、降级、撤职、开除六种。同时还规定："对受行政处分的人民警察，按照国家有关规定，可以降低警衔、取消警衔。"《人民警察法》第50条规定："人民警察在执行职务中，侵犯公民或者组织的合法权益造成损害的，应当依照《中华人民共和国国家赔偿法》和其他有关法律、法规的规定给予赔偿。"

秉公执法作为人民警察的法律责任是在《人民警察法》和其他有关人民警察的一系列法律、法规、规章中的具体而明确的条文中明确规定的，是人民警察必须履行的神圣职责。

---

① 黄生鹏、沈国文、吴建辉：《人民警察职业道德论》，2001年第1版，第112页。

三、秉公执法是公安机关和人民警察的道德义务

秉公执法作为人民警察的职业信念，不仅仅是人民警察必须履行的神圣法律责任，也是人民警察必须履行的道德义务。法律责任和道德义务具有密切的关联性，在一定意义上可以说法律责任是其道德义务的底线，而道德义务又是法律责任的自觉升华。

如果仅仅把秉公执法看作人民警察的法律责任，当成外在的强制性的要求，无法从根本上真正达到秉公执法的要求。人民警察手中握有一定的权力，又经常与社会的阴暗面接触，如果没有优良的职业道德素质做基石，就很容易被腐蚀、拉拢和收买，以至于做出执法犯法、徇私枉法的行为，亵渎法律的尊严和权威，走向腐败堕落的深渊。秉公执法只有成为人民警察的内心信念、成为人民警察的行为习惯的时候，才能是一种发自人民警察内心的自觉追求，才能使其在社会主义法制建设还不完善的情况下，不钻法律空子，不贪赃枉法。因此，秉公执法的法律责任是保障人民警察秉公执法最基本的要求，而只有当秉公执法成为人民警察的道德义务和职业信念的时候，秉公执法才能成为人民警察的自觉追求。

四、秉公执法是维护公安机关和人民警察执法权威的要求

执法权威主要是指执法者的威信和整个公安机关执法的威严。在公安队伍中，过去有相当数量的同志认为，“有权即有威”，事实上，权和威并不是一种简单相加的关系，更不是一种等同的关系。公安机关是执法机关，是公共权力、国家权力的象征，公安机关的执法权威不可动摇。但我们必须明确，树立执法权威关键在于执法的严肃和公正。执法形象与执法威严一脉相承，形象生威严，威严出形象，威严和形象两者之间，互为表里，相生相容。[①] 历史

① 韩迎光：《人民警察职业道德》，中国人民公安大学出版社，2004 年第 1 版，第 101 页。

的经验表明，只有坚持事实为据、秉持公正、惩恶扬善，才能树立法治权威，才会有良好的社会秩序和风尚，法律所蕴含的公正、公平、正义、秩序等基本价值才能最终得以实现。

随着我国社会主义民主和法制的日益发展，社会主义市场经济体制的逐步完善，社会主义物质文明、政治文明和精神文明的协调发展，社会主义和谐社会的大力构建，秉公执法正成为公安机关和广大民警的自觉行动。总体上讲，目前，民警队伍是好的，是一支政治可靠、战斗力强、党和人民可以信赖的队伍。然而，公安民警队伍中滥用职权、以权谋私，办人情案、关系案、金钱案，甚至索贿受贿、执法犯法等腐败现象还不同程度地存在，各种违法违纪案件时有发生，有的还相当严重。这些消极腐败现象，虽然发生在极少数人身上，却严重败坏了执法机关的形象，玷污了国家法律的神圣和权威，损害了国家和人民群众的利益，从而影响社会主义市场经济的健康发展和社会主义和谐社会的构建，危及社会安定、政治稳定。如果我们不下大力气予以纠正，公安机关的执法权威必将受到挑战，依法治国方略的实施和社会主义法治国家的建设也会受到严重干扰。因此，只有秉公执法，才能充分发挥国家法律的效力，提高公安机关的战斗力，增强公安机关的执法权威。

第二节 秉公执法的具体要求

一、增强法制观念，树立正确的执法理念

正确、先进的执法理念是公安民警秉公执法的先导和基础。要达到“秉公执法”的境界，不仅需要熟练掌握工作技能，熟悉法律法规，而且要有良好的职业道德和人格修养。

（一）要学法懂法，提高公安民警执法水平

对法律负责、让人民满意不是一句简单空洞的口号。全体公安民警应做对法律责任、让人民满意的实践者。能否做到这一点，队

伍的素质特别是法律素质和执法水平的高低是决定性因素。一支法律素质良好的公安执法队伍，是实现秉公执法的主体保障。

为此，各级领导和公安民警一定要有提高法律素质的紧迫感，具体可以从以下方面做起：一是在职业教育培训中，将对公安民警法律素质的教育培训放在最重要的位置，并将法制教育培训正规化、制度化。各地公安机关可以大力加强执法规范化培训，利用在警察院校建立执法规范化培训基地的契机，充分发挥警察院校的培训作用，通过教育培训，增强公安民警的法治观念，使广大公安民警养成尊重和保护公民合法的人身、财产权益的良好习惯，提高正确运用法律进行社会服务和管理的能力和自觉性。二是尽快完善公安机关执法资格考试制度，规范执法主体资格，提高执法主体的素质。2010 年，公安部下发了《公安机关人民警察执法资格等级考试办法》。该办法规定，全体公安民警均要通过基本级执法资格考试，否则不能办理案件，年终公务员考核不得评定为称职。同时鼓励民警参加中、高级执法资格考试，通过者优先晋升职务、警衔。办法规定执法资格的有效期为五年，届满后要重新再考，以激励广大公安民警不断学习、掌握法律法规。随着公安执法培训学习的制度化、机制化，公安民警的法律学习会逐渐成为自觉，执法水平会随之提高。①

（二）加强思想政治教育，端正公安民警执法指导思想

公安机关能不能做到秉公执法、对法律负责，是事关建设社会主义法治国家，维护社会稳定的大问题。要坚持党的领导、人民当家作主和依法治国的统一，以高度的政治责任感对待执法问题，不断提高严格执法、公正执法的自觉性。公安机关要进一步深化宗旨观念、群众观念教育和社会主义法治理念教育，让每一位公安民警都真正解决好“为谁掌权、为谁执法、为谁服务”这个根本问题，

---

① 中央政府门户网站：《2011 年将有近 200 万名公安民警进行执法资格考试》，2011 年 09 月 25 日 13 时 26 分，http：//www. gov. cn/jrzg/2011 －09/25/content_1956043. htm。

引导公安民警把忠于党、忠于人民、忠于法律作为第一追求，真正在执法思想上来一场深刻革命，把秉公执法、执法为民的思想化为灵魂、融入实践，为严格、公正执法提供强大的思想武器。为此，广大公安民警应深入学习邓小平理论、“三个代表”重要思想和科学发展观，以社会主义核心价值体系为统领，培养公安民警的核心价值观，明确执法问题不仅是业务问题，也是政治问题。加强对社会主义法治理念的学习和理解，模范地遵守宪法和法律。

二、以事实为依据，以法律为准绳

“差之毫厘，谬以千里”，公安机关在实际工作中，必须始终坚持以事实为根据，以法律为准绳，对待每一起案件都要据实而为、求实而作，不能有一丝的疏忽、一毫的差错。

（一）要查明事实真相

无论是处理一般治安案件还是处理刑事案件，其基本前提都是查清事实真相。有些案件，特别是复杂的刑事案件，要查清事实真相并非易事。但是公安民警的职业责任要求其必须做到使认定的事实完全符合案件的客观真相。在查清事实真相的过程中，要善于识破犯罪分子故意制造混乱，编造“事实”，洗刷自己，嫁祸于人等伎俩，不被假象和表面现象所迷惑。对于取得的证据，要经过研究核实，“去粗取精”，“去伪存真”，使认定的事实经得起时间的考验。

（二）重证据不轻信口供

我国《刑事诉讼法》第35条规定：“对一切案件的判处都要重证据，重调查研究，不轻信口供。只有被告人供述，没有其他证据的，不能认定被告人有罪和处以刑罚；没有被告人供述，证据确实充分的，可以认定被告人有罪和处以刑罚。”对于刑事案件，要查清作案动机、目的，犯罪的时间、地点、条件、方法、手段、后果，以及需要从重或从轻处罚的有关情节。在重证据方面，要特别注意不能“先入为主”。对于各类犯罪嫌疑人，在依法证实其有罪之前，不能当做犯人对待，也不能非法限制其人身自由，更不能刑讯逼供，屈打成招。最近几年发生在我国公安实践中的一些案例，如杜培武、佘祥林案、赵作海案件，就是刑讯逼供的典型，教训是很深刻的。只有重证据，重调查研究，不轻信口供，才能做到不枉不纵，秉公执法。

（三）按实体法和程序法办案

“以法律为准绳”要求公安民警在执法过程中，严格依照实体法和程序法的规定办案，做到正确适用法律和正确运用法律程序。要坚决纠正用非法的程序执法、用非法手段办案和超越职权办案的做法。例如刑事案件，如果犯罪事实已经确认无误，提起刑事诉讼则应按照我国《刑事诉讼法》所规定的程序办案，而在定罪和量刑等方面就要适用我国《刑法》。如果是涉外案件，还要运用涉外程序。如果属于一般外国人的刑事案件，还要按照《维也纳领事关系公约》和我国同外国签订的双边领事条约中所规定的程序办理。

（四）坚持公民在法律面前一律平等的原则

坚持在法律面前一律平等的原则，是我国宪法和各项法律所规定的一项基本原则，是实现“以事实为根据，以法律为准绳”的关键。在民主制度下，平等的社会价值高于自由。迫切需要自由的，只是依靠自由能够取得高等享乐的少数人，而平等则能使人人幸福。因此，民主社会也追求自由，但这种追求要服从于对平等的追求。[①] 公民在法律面前一律平等是指公民在依法享受权利和承担义务方面都具有同等的地位，受法律的同等保护，享有同等的诉讼权利并承担相应的义务，在犯罪时受到公正的审判，在适用法律上受到平等的对待，而不受任何形式的歧视。

贯彻公民在法律面前人人平等的原则，公安民警在执法中必须

① ［法］托克维尔著 董果良译：《论美国的民主》（上卷），商务印书馆，1991 年 6月，译者序言 第 7 页。

坚持做到：无论是对中国人还是外国人，也无论是对有权有势的人还是对待一般群众，公安民警都应该只认法而不区分人，坚持依法保护各种人的合法权益，依法追究任何人的违法犯罪行为的法律责任。此外，公安民警在不允许任何人享有非法特权的同时，自己也不能耍特权。

（五）坚决纠正冤假错案

公安机关和公安民警在执法中由于主观或者客观原因造成冤假错案的，必须坚决及时地予以纠正。这不仅是“以事实为根据，以法律为准绳”原则的必然要求，而且也是维护公安机关执法尊严的要求。只有坚决纠正冤假错案，才能做到不冤枉每一个好人。

三、排除干扰、刚正不阿

（一）正确处理情与法的关系，不能以情易法

以情易法是指以种种感情的因素代替秉公执法。这些感情因素主要有：以个人好恶来对待案件，或借执法之名，行泄私愤、图报复之实；在办案中袒护亲属、同学、战友、同事、上级或下级。公安民警要加强思想修养，克服个人主义和小团体主义，做到法不容情。

（二）正确处理权与法的关系，要敢于碰硬

正确处理权与法的关系，包括两个方面：一是不滥用职权；二是坚决顶住以权压法的行为。当前，在极少数公安民警中还有滥用职权的现象，主要是利用手中的权力做违法的事情，他们当中有的利用职权捞取私利，有的甚至为违法犯罪人员“保驾”。解决这类问题的关键，就在于教育广大公安民警要正确认识公安工作的根本任务和职业责任，同时还要对滥用职权触犯刑律的少数人绳之以法。至于一些地方的某些领导出面干预办案甚至以权压法的行为，在公安民警依法办案的过程中并不少见，对此，除要求各级党政领导要带头守法，维护法律的尊严以外，作为执法者的公安民警应当具有大无畏的气概，不怕高官和权势，不怕刁难和报复，不怕处分

和调离，做到大义凌然，执法如山，伸张正义，维护法律的尊严。

(三) 正确处理钱与法的关系，不搞权钱交易

在公安民警办案的过程中，从一般的治安案件到刑事案件，从立案侦查到预审看押，都会有人用钱疏通关节。在今天改革开放和市场经济的条件下，不法分子拉拢腐蚀的主要对象之一就是公安民警。为了做到拒腐防变，公安民警应当努力提高政治觉悟，树立正确的世界观、人生观、价值观。不能见钱眼开，见利忘义。不能徇私枉法，更不能贪赃枉法。要正确处理钱与法的关系，还要注意不能为了改善生活条件或者为单位创收而超越公安民警的职权去做法律和法规禁止做的事情，例如不能以权经商，不能从事第二职业，不能介入经济纠纷案件，要正确处理钱与法的关系，主要是克服个人主义、拜金主义、享乐主义、本位主义和地方主义，时时处处以公安民警职业道德和国家的各项法律、法令规范自己的行为。另外，还要向先进人物学习，照他们的样子去做。

四、加强执法监督

英国史学家阿克顿曾指出："权力使人腐败，绝对权力使人绝对腐败。"① 孟德斯鸠也曾指出："一切有权力的人都容易滥用权力，这是万古不易的一条经验。"② 合理的权力和有效的监督是一个问题的两个方面，不受监督的权力必然导致滥用。首先，公安机关要正确看待、合理发挥内部监督的作用。其次，要学会在被监督状态下执法，尤其是在当前媒体监督的时代，公安民警应树立自觉接受外部监督的意识。

(一) 加强公安机关的内部监督

首先，公安机关的内部监督主要是自查自律。各地公安机关考

① ［英］阿克顿，候健译：《自由与权力》，商务印书馆，2001 年版，第 342 页。

② ［法］孟德斯鸠，张雁深译：《论法的精神》，商务印书馆，1961 年版，第 154 页。

核制度的基础都是自查和互查，全国许多优秀公安局都把自查自律作为基础工作来抓。要正确看待、合理发挥内部监督的作用，以增强广大民警的法律意识、纪律意识和秉公执法的意识。据《法制日报》报道，2011 年 3 月 25 日，北京市公安局丰台分局率先为一线民警配发了具有录像功能的现场执法记录仪，今后民警在出警时必须使用记录仪如实记录出警全过程，并在 24 小时内将当天的资料交给指定人员进行保管，根据系统设置，公安民警无法删改任何记录信息。现场执法记录仪如一个拳头大小，挂在警服的左胸前，正面有一个 500 万像素的摄像头，镜头下方是开关和录音口，记录仪背面是显示屏。记录仪可以连续拍摄 6 个小时，使用时可直接挂在警服上拍摄，也可从警服上取下手持拍摄。根据要求，民警在警情处置、巡逻盘查、勘查现场、处理交通火灾等事故的执法活动中，必须打开现场执法记录仪进行音频、视频信息采集。现场执法记录仪的推广使用，可以对民警执法的合法性和公正性进行监督。同时，对于督察部门调取原始资料、公正合理地处理上访投诉案件、维护当事人和民警合法权益奠定了基础。目前，北京警方已建立了严格的现场执法记录信息管理制度，执法记录仪共配备了个人和部门两套软件，执法公安民警可以使用个人软件系统查看摄录内容，但无法进行删改、编辑操作，部门软件系统则由单位指定的专人负责管理使用，并使用专用存储设备，建立公安民警的个人现场执法记录电子档案。为了保持执法活动过程摄录完整，公安民警在现场执法记录的内容保存期至少为一年。此外，调取或查看现场资料必须严格按照程序审批。①

其次，要加强公安机关内纪检、政工和监察部门的监督。这是公安机关内部监督的组织保证。它们担负着教育公安民警遵纪守法、秉公执法和查处违法违纪案件的重大责任。今后，要继续坚持

① “北京民警配发执法记录仪　出警将被全程记录”，http：//www. sina. com. cn 2010 年 03 月 25 日 10：12

"从严治警"的方针，其中一个重要方面是，要在严肃查处违法违纪案件上下工夫。当前，要重点查处权钱交易、徇私枉法和严重影响警民关系的违法违纪案件。在查处案件中，纪检、检查部门要坚持原则，敢于碰硬，一经查实，就要坚决惩治。领导袒护说情、设置障碍的，一定要追究责任，绝不姑息。

最后，加强领导的监督。全国一些优秀公安局为加强领导的监督，采取了明察暗访和组织检查组等办法。为了加强领导监督，公安部也提出要求，地市以上公安机关包括公安部，要建立纪律作风、廉政检查队，进行不定期的明察暗访、突击检查，发现问题，当场处理。

（二）自觉接受党和政府以及检察机关等部门的监督

各地公安机关和公安民警都要自觉接受同级党委、人代会、政协、纪检、政府、审计、人事、财政、监察部门和上级公安机关的监督。公安机关应当定期向同级人大常委会报告工作，向政协通报执法情况，主动接受政府有关部门对执法的监督。

我国《宪法》第127条规定："中华人民共和国检察院是国家的法律监督机关。"公安机关作为执法机关，人民警察作为执法人员，必须自觉接受检察机关的法律监督，特别是执法监督。对于公安民警的犯罪行为，检察机关有权依照我国《刑事诉讼法》的有关规定，提起刑事诉讼。

（三）自觉接受人民群众的监督

从制约权力的角度看，"以权力制约权力"是最为有效的方式之一，存在的问题则是在制约权力的权力中总会有一个处于顶端而缺乏相应有效的制约，即我们平常所说的"谁来监督监督者"的问题；任何权力和权力之间也都存在千丝万缕的联系，加之某些尚不完善或不科学制度因素的影响，不能避免会存在监督权不能有效行使的问题。因此，"以权力制约权力"需要"以社会制约权力"作为补充。就我国的公安执法监督而言，"以权力制约权力"为理论基础，来自人大、政府、政协、司法的外部监督和公安机关内部的法制、纪检、监察、警务督察、信访、审计的内部监督构成了公安执法的权力监督体系；而“以社会制约权力”为理论基础，来自人民群众、新闻媒体以社会舆论或专题监督的方式形成了公安执法的社会监督体系。①

接受群众监督不仅是职业道德的要求，而且也是我国法律和法规的要求。我国《宪法》第27条第二款规定：“一切国家机关和国家工作人员必须依靠人民的支持，经常保持同人民群众的密切联系，倾听人民的意见和建议，接受人民的监督，努力为人民服务。”2010年3月以来，公安监所由“躲猫猫”事件开始被推到了舆论的风口浪尖，监所工作在很长时期内备受社会各界高度关注；“为了让人民群众真切了解新时期中国公安监管执法的深刻变化，增强对中国特色社会主义法治文明的信心，近年来我们要求有序推进公安监管场所对社会开放。”② 为此，2010年，公安部监所管理局做出了2010年年底前全国公安机关三级以上看守所、拘留所、收容教育和强制隔离戒毒所全部对社会开放的部署。截止到2010年底，全国已有1500多个看守所、1100多个拘留所、200余个强制隔离戒毒所、50多个收容教育所正式向社会开放。

（四）正视和重视媒体、网络等舆论监督的功能

在信息化日益发达的当代社会，以报纸杂志、广播电视、网络等为载体的媒体舆论监督具有公开性、传播的快速性、揭露的深刻性、导向的明显性、处置的及时性等特征和优势，能够迅速将人们的注意力聚焦，形成巨大的社会压力，引起政府高度重视，促使问题得到解决。因此，应当充分发挥新闻媒体的舆论监督功能，加强对公安执法的监督，增强监督合力和实效。要正确发挥媒体的舆论监督作用，首先是公安机关应正视媒体监督对其执法工作的正面推

① 王月英：《从“以社会制约权力”的角度看公安机关主动接受社会监督》，《北京人民警察学院学报》2011年第9期，第15页。

② 《全国公安监所全面铺开人性化管理措施》，《法制日报》，2011年2月22日。

动作用，以正常的心态对待媒体舆论监督。其次，公安机关应当对已经发生经媒体揭露的公安执法违法、不公正现象及时加以处理，使违法者受到社会的谴责，感受到道德的压力，并依法追究违法者的责任。再次，公安机关应积极运用现代化的科技手段增强执法监督的效果，如在公安网站上开通网上投诉、举报渠道等。充分发挥公安博客和公安微博等新媒体平台在舆论监督中的作用，以更好地倾听民意，开展网上办事为民服务，加强警民沟通，接受群众监督。

第四章 英勇善战

英勇善战是带有鲜明警察职业特色的道德规范，它基于警察职业的危险性和使命的崇高性而提出。英勇善战是指公安民警在维护社会治安、打击犯罪和服务人民的各项警务活动中，不怕艰苦、不畏艰险、不怕牺牲、机智勇敢、珍惜职业荣誉的奉献精神和职业品格。英勇善战是对公安民警正确处理个人与公安事业关系的职业道德规范要求，是公安民警崇高职业道德行为的表现，也是公安民警忠于职守，履行职业责任的品格保证。

第一节 英勇善战的主要内容

公安机关人民警察职业道德之“英勇善战”规范的主要内容及要求包括：坚韧不拔、机智果敢、崇尚荣誉。

一、坚韧不拔

坚韧不拔是指人信念坚定，意志顽强，不可动摇。该成语出自宋代苏轼《晁错论》一文：“古之立大事者，不惟有超世之才，亦必有坚韧不拔之志。”

对于公安民警而言，坚韧不拔是指公安民警在警务活动中所具有的对党、对国家、对人民、对法律的坚定信念，以及为了履行职责勇于克服一切艰难困苦的顽强意志。具体来说，坚韧不拔包含着两个方面的内涵：一是公安民警的坚定信念。忠诚于党和国家，忠诚于人民和法律，无论身处何时何地，无论客观情况发生怎样的变化，公安民警都能以党和国家利益为重，心系人民，信仰法律，不被任何困难所压倒，不为任何利益所诱惑。二是公安民警的顽强意志。在履行维护社会治安、打击犯罪和保护人民的神圣使命中，无论碰到再大的困难，遇有多大的险情，都能以对党和人民高度负责的精神，以大无畏的英雄气概和钢铁一般的意志，勇往直前，不辱使命。

在我国，警察职业具有强烈的政治性，这意味着警察不仅要忠诚于国家、人民和法律，而且要忠诚于中国共产党。公安民警是在党直接领导下诞生的执法队伍，听党指挥，绝对服从党的领导，是公安机关的优良传统，也是公安民警应具备的坚定的职业道德信念。不论国际风云如何变幻，国内的经济社会发展遇到怎样的坎坷，都要坚持共产党的领导，履行好巩固共产党执政地位的政治责任，坚定地贯彻执行党的路线方针和政策。公安民警只有具备这样坚定的政治信念，才能经得起任何风浪的考验。

我国社会正处于转型时期，社会治安形势较为严峻，犯罪率处于高发期，警察面临着繁重的工作任务。由于我国处于社会主义初级阶段，社会经济发展还不平衡，警察的待遇相对偏低。此外，与国外发达国家警察占人口比重万分之二十甚至三十的警力相比，我国的警力严重不足，警察数量平均只占人口比重的万分之十二。工作量大，任务繁重，警力偏少，这就是当今我国警察面临的现实。在这样的情况下，警察在工作中遇到的困难和压力可想而知。因此，警察要履行自己的职业责任，必须具备克服一切艰难困苦的顽强意志和无私奉献的精神。否则，就无法在平凡而辛苦的岗位上默默奉献，常年坚守。

坚韧不拔作为公安民警应具备的信念和意志品质，其价值主要体现在警察日常的职业生活中。日常的职业生活既琐碎、繁杂，又充满艰辛，而这也正是考验和磨练警察意志的绝佳时机。公安民警只有具备了坚韧不拔的信念和意志品质，才能在政治上站稳立场，明辨是非，克服各种困难，百折不挠，认真履行好职业责任，为国家的发展和人民群众的工作和生活营造稳定和安全的环境。

二、机智果敢

机智果敢的含义是有智慧，能随机应变，当机立断，处事勇敢果断。从公安民警职业道德的角度来说，机智果敢是指公安民警在警务活动中，既讲究智谋、多谋善断，又勇于战斗、不怕牺牲的有勇有谋、大智大勇的精神和行为。

机智果敢突显的是对公安民警智和勇两方面的要求。基于公安工作的特殊性，智和勇是公安民警应具备的两种非常重要的职业精神和品质。公安工作充满了生与死、血与火的考验，因而警察必须坚定勇敢，不怕牺牲，“两军相遇勇者胜”，有了压倒一切的气势，警察才能在与犯罪分子的对抗中，占据主动，赢得胜利。此外，随着犯罪形式的智能化、犯罪手段的多样化以及客观形势的复杂化，警察还要善于把勇敢和智谋相结合，多谋善断，讲究谋略，以智取胜，只有这样，才能适应新形势下维护社会稳定和与犯罪作斗争的需要。

机智果敢主要是对公安民警在维护社会治安秩序和打击犯罪斗争中的职业道德要求。结合警察这方面的工作特点，机智果敢主要包含如下内容：

第一，公安民警要有面对危险英勇无畏、不怕牺牲的精神。打击犯罪、保护国家利益和人民群众生命财产的安全，是警察的职业责任，这就决定了警察职业是一个充满危险的高风险职业。要成为一名警察，不具备大无畏的勇敢精神是难以胜任这项工作的。机智果敢意味着警察在与犯罪分子作斗争和应对各种灾害事故时，要有战胜一切艰难困苦、压倒犯罪分子嚣张气焰、敢于赴汤蹈火、不怕流血牺牲的勇气、决心和气势。没有这样一种大无畏的革命英雄主义精神和气概，就无法坦然面对凶残的犯罪分子和突发公共安全事件。

第二，警察要有遇事沉着冷静、敢作敢为的心理品质。警察的机智果敢既是一种大无畏的精神，也是一种与警察心理相联系的个性品质。对机智果敢从心理品质方面予以把握和理解，很有必要。警察的机智果敢精神和品质一方面有赖于警察组织的教育和培养，另一方面，也需要警察个体具备不畏缩、少有顾忌、喜欢冒险、敢作敢为的心理品质。在公安队伍中，能够胜任打击犯罪工作并有所成就的警察，大多具备机智果敢的优秀心理品质。根据我国学者对北京、天津和广州三地警察性格特点的调查，警察的个性特点都包括外向和冒险敢为这两点。[①] 而学者们对中国优秀公安民警个性心理研究调查的结果也表明：优秀公安民警与一般民警相比，在许多个性因素上都存在着显著的差异，其中，优秀民警大都表现为不畏缩，少有顾忌，喜欢冒险，勇敢而具有较强的毅力。[②]

第三，警察应具有机动灵活、多谋善断的意识和谋略。公安民警的机智果敢精神和品质之所以重要，并受到公安机关的高度重视和大力提倡，就是因为它把智谋和勇敢合而为一。有勇无谋是鲁莽，有谋无勇是胆怯。古希腊思想家亚里士多德曾对勇敢做了有益的区分，认为勇敢是一种中庸，过度则为鲁莽，不及则为怯懦。他说："怯懦的、鲁莽的和勇敢的三者都与同一对象相关，但品质却各不相同。有的是过度的，有的是不及的，有的则恰得中间。"[③] 这表明勇敢必须和智谋相结合才是有价值的。警察打击犯罪、维护社会治安的职责决定了他们经常会身处冲突对抗、险象环生的危险环境中，这就要求警察必须有勇有谋，审时度势、多谋善断，做到不急躁，不冲动，不作无谓的冒险，善于以智取胜。特别是在高科技犯罪和智能犯罪的趋向愈益明显和突出的情况下，为了更加有力地打击犯罪，警察更需要开动脑筋，善于在与犯罪分子的对抗中斗智斗勇，以智取胜。

---

① 参见：张振声著：《警察心理学》，中国人民公安大学出版社 2003 年 9 月版，第 39 页。

② 同上，第 160 – 163 页。

③ 《亚里士多德全集》第 8 卷，中国人民大学出版社 1992 年版，第 60 页。

三、崇尚荣誉

作为一个道德范畴，荣誉是指一定的社会或组织对某人或某集体履行社会义务的道德行为所给予的肯定和褒奖。荣誉一定是和道德的行为联系在一起的，某人或某集体之所以获得肯定和褒奖，主要在于这个人、这个集体对他人、社会做出了某种贡献甚至是牺牲。从这个意义上来说，荣誉是对道德行为主体的一种价值上的褒奖。同时，荣誉也是个人和集体在精神领域最高层次的追求和享受。明末清初的大思想家顾炎武说："人生富贵驹过隙，惟有荣名寿金石。"古罗马也有一句名言："荣誉是人生的第二遗产。"这表明重视和珍惜荣誉是人类从古到今的一个共同精神追求和文化传统。

众所周知，崇尚荣誉也是我国当代军人核心价值观的重要内容。虽然公安民警和军人具有不同的职责使命，具有不同的职业和工作特点，但公安民警在许多方面又有着与军人的相似性，公安民警是一支准军事化的队伍，以维护国家公共安全和保护人民群众生命财产安全为己任，职责紧系国家安危和民生祸福，在这一点上，公安民警与军人一样，责任重大关乎荣辱。因而珍惜崇尚荣誉，历来也是公安民警队伍孜孜不倦的精神追求。

公安民警的荣誉，是对警察为党和国家与人民的利益、为公安事业所作贡献的积极道德评价，是对警察履行职责和使命所创造的社会价值的充分肯定。崇尚荣誉是当代公安民警崇高的精神追求，是警察克服困难、奉献进取的强大精神动力，是警察立身做人、成长进步的道德镜鉴，也是新形势下公安民警继承发扬公安机关优良传统的时代要求。对于公安民警来说，崇尚荣誉包含着以下几方面的内容：

第一，知荣明耻是公安民警崇尚荣誉的认知基石。没有正确的认知，崇尚荣誉就会盲目和偏离方向。只有对是非、善恶、美丑、荣辱具有明确的认知和把握，才能为崇尚荣誉奠定坚实的思想基础。具体来说，公安民警要以明确和践行社会主义核心价值观、“八荣八耻”和警察职业道德为是、为荣、为美，而与之相反的则为非、为辱、为丑。只有这样，才能使崇尚荣誉有正确的目标和方向。

第二，珍惜和追求集体荣誉是公安民警崇尚荣誉的基本内容。荣誉的主体既包括个人，也包括集体。对公安民警来说，集体荣誉就是公安事业的荣誉，就是警察群体通过奉献与牺牲而赢得的社会和群众的赞誉。集体荣誉凝聚着公安队伍每位警察的心血和付出，是警察荣誉弥足珍贵之所在，也是警察荣誉可以凝聚警心，具有号召力的力量源泉之所在。个人荣誉与集体荣誉休戚与共，只有在集体荣誉中，才能体现个人荣誉的价值。

第三，视荣誉重于生命是公安民警崇尚荣誉的鲜明态度。公安民警在维护社会安全和保护人民群众生命财产安全的无私奉献中，赢得了党和人民以及社会各界的大力肯定，获得了无数的褒奖和荣誉。警察的荣誉与保一方平安的责任紧密联系在一起，哪里的社会安全受到威胁和破坏，人民群众的合法权益受到不法分子的侵害，哪里就会有警察的身影，就会有警察的奉献和牺牲。用自己的付出维护和捍卫公安事业的荣誉，把集体的荣誉看得比生命还重要，是当代公安民警崇尚荣誉的鲜明态度。

第四，爱岗敬业、创造荣誉是公安民警崇尚荣誉的立足点。荣誉作为社会和组织的积极评价，是以每位警察忠诚履行职责，不断追求一流工作业绩为前提的。如果离开履职尽责和本职岗位来谈荣誉，荣誉就是一句空话。因而公安民警崇尚荣誉必须立足于每位警察在本职工作岗位上的努力和拼搏。那种把心思放在走捷径、图虚名、巧钻营上的做法，是与崇尚荣誉格格不入的，也是无法获得真正的荣誉的。

第二节　英勇善战的基本依据

一、警察职业具有危险性

“醉卧沙场君莫笑，古来征战几人回。”唐代边塞诗人王翰的这句千古名诗以豪迈旷达的手笔，表现了出征的军人一种视死如归的悲壮情绪和豪放旷达的胸怀。毫无疑问，古往今来，军人都是战争时期最危险的职业，而在和平时期最危险的职业非警察莫属。周恩来早在 1949 年 10 月 15 日第一次全国公安会议上就指出：“国家安危，公安系于一半，国家安危你们担负了一半的责任，军队是备而不用的，你们是天天要用的。”周恩来的这段话，既充分肯定了公安机关的地位和作用，又从另一个角度说明了，在和平年代，警察是一种比军人更危险的职业。

现代社会中，警察很重要的一个角色就是打击犯罪，因而在一些西方国家警察被称为“打击犯罪的战士”。犯罪作为社会丑恶现象，历来与恐怖、危险、流血等字眼联系在一起。警察是犯罪分子的克星，其职业无疑具有极大的危险性，这就决定了英勇善战是中外警察的必备之德。我国早在 1958 年第九次全国公安会议上通过的《公安人员八大纪律十项注意》中，就对警察提出了“坚决勇敢沉着机警”的要求。美国第 98 届国际警长协会于 1957 年通过并于 1991 年进行修订的《执法道德规范》，在美国警界影响很大，成为许多州警察部门的警察行为道德准则，其中也对警察提出了“面对危险、嘲弄或奚落，英勇无畏，沉着冷静”的要求。可见，作为打击犯罪和维护社会稳定的重要力量，警察必须具备英勇善战、机智勇敢、无所畏惧的精神和品格，这已经成为中外警察部门的共识，并成为社会公众衡量警察合格与否的重要标准。从某种意义上说，警察职业之所以被人们所敬仰和崇拜，就是因为警察具有常人所不具备的英勇无畏、不怕流血牺牲的革命精神。

公安队伍是和平时期为公众利益牺牲最多的一个群体，可以说，公安民警“天天有牺牲，时时在流血”。在我国社会主义建设时期，警察由于既要面对穷凶极恶、铤而走险的犯罪分子，也要参加社会救援、抢险救灾等的活动，因而警察职业高居我国高危职业之首。每年在打击犯罪、抢险救灾的过程中，都会有数百名警察流血牺牲，数千名警察英勇负伤，就足以证明这一点。

我国正处于社会转型时期，由于利益关系的调整和社会各种矛盾的加剧，危害国家和人民群众利益的犯罪现象日趋严重，各种治安事故呈多发态势。在这种情况下，警察职业的危险性更加凸显，为了保护国家利益和人民群众生命财产的安全，为国家的经济和社会发展以及人民群众的安居乐业创造稳定的社会治安环境，广大公安民警付出了沉痛的生命代价。第二十次全国公安会议报告指出：“改革开放以来，全国共有6000多名公安民警英勇牺牲，10万多公安民警光荣负伤。为了祖国的安宁，为了人民的幸福，作出了巨大的牺牲，用汗水、鲜血和生命谱写了一曲曲壮丽凯歌。”事实的确如此。公安部统计资料显示，新中国成立至2009年年底，全国共有10768名民警牺牲。从1995年开始，每年因公牺牲的民警始终在400人以上。2009年，全国公安民警因公牺牲431人。[①] 在牺牲的民警中，有很多是因为与犯罪分子作斗争和抢险救灾而献出了宝贵的生命。如，2005年公安民警因公牺牲414人，因公重伤872人，因公轻伤3262人，牺牲民警平均44.8岁，在导致民警牺牲的各类原因中，因抓捕犯罪嫌疑人时伤亡较大，占伤亡民警总数的四成多。[②]

基于警察职业的危险性，有的公安机关在录用警察时，门口写有这样一副对联：升官发财请走别路，贪生怕死莫入此门。说明了

① “万余名牺牲民警为我们留下了什么”，2011－01－14 http：//news. xinmin. cn/domestic/gnkb/2011/01/14/8886142. html

② “公安部通报2005年全国公安民警因公牺牲负伤情况”，2007年05月31日 http：//politics. people. com. cn/GB/8198/84740/84744/5803969. html

警察职业危险性对从警人员英勇无畏精神和品格的要求。越来越多的公安机关在招警考试中，增加了心理测试和选拔，其中就有对应聘者勇敢、胆量等方面的测试题目和内容。可以说，警察职业的存在必然伴随着较高的职业风险，而要做一名合格的警察，就必须具备英勇顽强、不怕牺牲的职业道德品格。

二、警察面对的犯罪局势日趋复杂

警察职业具有危险性，作为警察必须具备勇敢顽强，不怕牺牲的职业精神。此外，我国正处于改革和发展的关键时期，各种矛盾叠加和累积，导致犯罪率高发，警察面临的犯罪局势异常复杂，这就决定了警察不仅要勇敢顽强，英勇无畏，而且必须机智果敢，有勇有谋，以智取胜。

当今世界，受国际大环境的不利影响，加之我国改革开放向纵深发展，经济体制转型，利益群体多元化，贫富差距拉大，由此引发的各种利益矛盾和冲突日益突出和尖锐，导致我国的刑事犯罪和社会治安形势日趋复杂严峻，犯罪活动呈现多元化、集团化、国际化、智能化趋势，黑社会及暴力犯罪形势严峻，刑事犯罪的暴力化倾向日趋突出，涉枪、涉爆、绑架杀人等严重暴力犯罪上升势头迅猛，恶性案件频繁发生，带有黑社会性质的有组织犯罪日益突出，持枪犯罪持枪拒捕、袭警案件频频发生，社会危害性极大。在这种情况下，警察职业的危险性无疑在加大，警察要应对日趋复杂和危险的犯罪局势，有勇有谋、智勇兼备才能适应新形势下打击犯罪活动的需要。

从历史上来看，思想家历来把勇敢与智谋和善战联系在一起。儒家对勇敢的理解与智慧、谋略、仁义等相提并论，表明了儒家对勇敢精神的深刻理解和认识。《论语·述而》记载了孔子与学生子路的一段对话。子路曾问孔子这样一个问题：如果统帅三军去作战，您要和谁在一起呢？孔子答曰："暴虎冯河，死而无悔者，吾不与也；必也临事而惧，好谋而成者也。"意思是说，赤手空拳要和老虎搏斗，徒步涉水要过大河，这样做死了都不知道后悔的人，我不会和他在一起。我要共事的人，必须是遇事小心谨慎，善于谋划而能争取成功的人。可见，儒家把勇敢与智谋和道义相结合，认为只有这样的勇敢才是义勇和英勇，才有利于社会和他人以及自我，而具有道德价值；反之，勇敢背离道义和智慧，便是鲁莽和不义之勇，便有害于社会和他人以及自我，而不具有道德价值。

古代智者对勇敢精神的认识和理解，无疑对理解警察职业道德英勇善战的要求具有有益的启示。在社会治安形势日趋复杂严峻、犯罪分子的作案手段和工具更加凶残和智能化的情况下，任何只强调英勇而忽视善战、只强调勇敢而忽视谋略、只强调牺牲而忽视有效自我保护的做法，都是片面的，不仅无法适应新形势下打击犯罪的需要，而且也会引发警察职业安全得不到保障、群众质疑警察打击犯罪的能力、警察士气受挫等一系列负面影响。

新中国成立后，无数警察倒在了犯罪分子的枪口和刀下，他们的牺牲警示公安机关和广大公安民警，为了避免更多警察的流血和牺牲，更加有效地保护警察职业安全，就必须通过培训让警察学会应对危险的技巧，既要斗勇，更要斗智，要智勇双全。

2006 年的一天晚上，一名歹徒在某地一个手机店抢夺两部手机后逃窜。一名民警恰巧经过此地，在听到“抓小偷”的喊声后，立即向犯罪嫌疑人逃窜的方向追去。民警将歹徒追至某公司仓库楼梯口后停了下来，在黑暗中大声喊道“我是警察，你给我出来”，同时用手机灯光照着寻找。歹徒见无处可藏，突然从黑暗中冲出，夺路而逃，民警扑上去与其搏斗。穷凶极恶的歹徒持刀反手刺向民警胸部，鲜血顿时喷射而出。民警毫无惧色，仍死死抓住歹徒不放，被拖出 70 多米。最终，歹徒被赶到的群众协助抓获，但这名民警终因抢救无效壮烈牺牲。①

---

① “万余名牺牲民警为我们留下了什么”，2011 - 01 - 14 http：//news. xinmin. cn/domestic/gnkb/2011/01/14/8886142. html

有警方权威人士认为，这名民警的大无畏精神和忠于职守的精神是值得学习的，但对只身一人进行抓捕的不利因素估计不足，在不具备抓捕条件的情况下贸然出击，伤亡在所难免。公安工作中，类似这样的案例还有很多。虽然民警的大无畏精神和认真履行公安民警职责的精神值得学习，但应该看到，只英勇不善战带来的毕竟是警察不应有的伤亡，给公安事业造成损害，给警察家庭带来无尽伤痛。因而公安民警职业道德倡导英勇善战的规范和要求，具有极为重要和紧迫的现实意义。

三、以警为本，珍惜公安机关最宝贵的资源

科学发展观的核心是以人为本。随着社会的发展，以人为本已经成为一种广泛的共识。运用以人为本的科学发展观指导公安工作，公安机关必须坚持以警为本的理念。以警为本是新形势下公安队伍建设和管理的基本方针，是以人为本理念在公安机关的具体体现和运用。

以警为本，就是各级公安机关领导和管理人员，在领导和管理活动中，在政策和制度的制定中，要从关心和爱护民警出发，为解决民警的实际困难着想，把民警的呼声和需要作为第一考虑、第一选择，维护、实现和发展民警的切身利益。

在公安工作中，队伍建设是根本，也是保证。提倡和坚持以警为本，其背后蕴含的是把警察人力资源作为公安机关最宝贵资源对待的公安管理思想。警力资源是包括警察人力、警用物力和财力在内的一个综合性范畴，是由警察组织、执法手段、运行程序、装备设备、后勤保障、情报信息和一定数量和素质构成的警务人员等要素构成。而在诸多的警力资源构成要素中，警察人力资源是警力资源的主要承载者和体现者，是公安机关拥有的最宝贵、最重要的一种资源，在警力资源中警察人力资源居于首要的和核心的地位。

在当前，公安机关担负着巩固共产党执政地位，维护国家长治久安，保障人民安家乐业和服务经济社会发展的政治和社会责任，打击犯罪、维护社会治安的任务空前繁重。在信息化和高科技的时代，公安机关在同犯罪分子的较量中，能否取胜，公安工作能否有效地开展，已不主要取决于物的因素，而是主要取决于警察人力资源的状况。因而重视、爱惜、善待警察人力资源，是新形势下加强公安队伍建设和公安工作的必然要求。

第二十次全国公安会议后，各地党委和政府以及公安机关都对警察人力资源建设倍加重视和关心。为了进一步加强这方面的工作，公安部于2006年制定了《关于进一步加强思想政治工作落实从优待警的若干意见》。《意见》指出，坚持以人为本，深怀爱警之心，善谋爱警之策，多做爱警之事，把解决思想问题与解决实际问题紧密结合起来，既讲道理又办实事，是做好新时期民警思想政治工作的重点和关键。并提出了严格落实年休假和定期体检制度；积极开展民警心理健康保护工作；认真做好因公牺牲、负伤民警的抚恤优待工作；加强训练管理，减少不必要伤亡等几方面从优待警的措施。

近年来，在以警为本理念的指导下，建立公安民警职业保障机制，从警力、经费、健康、职级等方面多管齐下，切实落实从优待警，按照法律化、科学化、多元化、精细化原则待警，解警忧、暖警心、凝警力，已经成为各地公安机关的共同实践。例如，为充分体现从优待警工作理念，固化关心关爱一线民警工作机制，北京市公安局将每年8月份的第二个星期六确定为全局“爱警日”，并安排全局各级领导干部替民警值一天勤、站一天岗，让广大一线民警适时倒休。这充分体现了各地公安机关坚持以警为本，在实践中爱警护警的理念和做法。

总而言之，公安民警职业道德规范把“英勇善战”确立为基本的职业道德要求，就是要从道德理念和规范的角度使警察能正确对待勇和谋的关系，在警务实践中尽量把英勇和善战结合起来，战略上具有不怕牺牲的气概和精神，战术上则要讲究谋略，善于自我保护，不做无谓的牺牲。由此不难看出，“英勇善战”规范中所蕴含的以警为本的理念，以及视警察人力资源为公安机关最宝贵资源的思想。

第三节　英勇善战的具体要求

一、要有不畏艰险，不怕牺牲的大无畏革命精神

要做到英勇善战，就必须首先有不畏艰险，不怕牺牲的大无畏革命精神。在与犯罪分子和各种灾害事故作斗争时，要有战胜一切艰难困苦、压倒犯罪分子嚣张气焰的勇气、决心和气势，必要时以鲜血和生命践行忠诚为民的承诺，捍卫警察的荣誉。

俗话说，“两军相遇勇者胜”。军人要夺取战争的胜利，必须具备“勇”这一最基本的战斗精神。《孙子兵法》中讲军人有五种美德，即“智、信、仁、勇、严”，强调欲求兵胜，必须“齐勇若一”地与敌军拼搏。所谓“兵之胜负，全在勇怯”、“有勇，能摧坚破锐”等兵家名言，之所以被后人视为经典，就在于它深刻揭示了“勇”的价值。战争实践证明，在一定条件下，拥有勇敢和必胜的决心，往往可以转败为胜，化险为夷。

军人打仗面对危险要具备大无畏和不怕死的精神，警察在面对危险，和犯罪分子遭遇时也是如此。打击犯罪的职业责任决定了作为一名警察，就要具备大无畏的革命英雄主义精神。特别是在我国社会不安定因素增多，暴力犯罪活动猖獗，各种突发公共安全事件频发的社会条件下，更凸显了在公安队伍中大力倡导献身公安事业、不怕艰难困苦、不怕流血牺牲的革命英雄主义精神的必要性。公安民警只有具备了这种勇敢精神，才能适应我国社会的发展需要，担负起时代赋予的使命和责任，成为党和人民信赖的忠诚卫士。

而要做到这一点，每位警察就要从临战的心理状态和斗争意志等方面进行有针对性的磨练。遇有重大案（事）件发生时，勇于

承担重任，在实践中磨练和提高自己的勇气和胆识，培养顽强意志，树立必胜信念。

英勇善战首先要求警察要有不畏艰险，不怕牺牲的大无畏革命精神，是因为这种精神是警察做到英勇善战其他要求的思想前提和意志品质保证，不具备这样一种精神和品质，警察就不可能在面对危险和艰难困苦时，做到镇定自若，沉着冷静，多谋善断。

当选为第四届“我最喜爱的人民警察”的谭纪雄，系湖北省武汉市公安局特警支队突击大队副大队长。从警 11 年来，谭纪雄一直战斗在反恐处突的公安特警岗位上，参与处置严重暴力案件、抓捕重大在逃人员 20 余次，参加重大保卫活动 300 余次。2009 年，在处置“6 · 3”劫持人质事件中，谭纪雄主动请战进入现场，为解救人质，奋不顾身扑向持枪歹徒，不幸头部中枪。经 3 个小时手术，取出颅内 50 个颅骨碎片和弹头后，谭纪雄脱离生命危险。他机智勇敢的行为，为安全解救人质赢得了宝贵时机。在颁奖典礼上，评选委员会给谭纪雄的颁奖词是这样写的：“在最需要人民警察站出来的一瞬间，你慷慨向前，因为你把人民的生命安全看得高于一切。在子弹横飞的一瞬间，你的颅骨和常人一般脆弱，但你的精神压倒了邪恶，你用鲜血为‘人民警察’这个称号书写了新的光辉。此刻，在回到岗位的路途上，没有壮美的冲锋，唯有你对职责的向往。快回来，我们等着你，人民需要你。”从谭纪雄身上，我们看到了作为警察具备不畏艰险，不怕牺牲的大无畏革命精神的可贵和必要性。

二、讲究斗争的谋略和方法

讲究斗争的谋略和方法，其目的在于更有力地打击犯罪，最大限度地保护自己，实现英勇善战的最佳效益和价值。

中外历史上的许多思想家都把勇敢与智谋联系在一起，反对头脑简单、鲁莽蛮干的“血气之勇”。古往今来，勇敢精神之所以被人们所赞美和推崇，就是因为它与机智和谋略结合在一起。警察打击犯罪、维护社会治安的职责决定了民警经常会身处冲突对抗、险象丛生的危险环境中，这就要求警察必须有勇有谋，讲究斗争策略，提高警务技战术素养，对客观情况能作理智的分析判断，不急躁蛮干、不感情用事、不无谓冒险，避免不必要的流血和牺牲。那种认为勇敢就是不怕死，就是不管客观情况如何一味以死相拼的看法，是对警察英勇善战精神的简单化理解和认识。针对个别警察与犯罪分子相遇只懂肉搏以死相拼，不讲斗争策略和智谋的简单化做法，一位网友曾这样评论道："其实，我们没必要期望警察如此'英勇无畏'，如此不讲条件、不讲对比力量、不讲策略手法的'英勇无畏'，在如今显然已落后于时代了。当时代发展到现在，科技在迅猛发展，各类警察装备应有尽有，警力也在日益加强，在这样的一个时代，我们还要求警察赤手空拳去同歹徒作斗争？我们在提倡警察英勇无畏的同时，我们更要提倡警察'智为'，应尽可能地避免警察'流血式'、'牺牲式'的同犯罪分子作斗争。"[①] 应该说，这位网友的看法很有道理，一语中的，对广大公安民警正确认识智和勇的关系有一定的启示意义。

公安民警的勇敢精神与智慧和谋略密不可分，这就要求警察在与犯罪现象以及灾害事故作斗争而身处险境时，能够审时度势，多谋善断，这对于在新形势下公安机关更好地维护社会稳定，保护人民群众生命财产的安全，保存公安队伍的有生力量是十分必要的。有人在总结警察遇难的六大原因时，把"警察在手无寸铁的情况下，鲁莽行事"作为其中的一个重要原因。在实践中，个别民警面对穷凶极恶的歹徒，在没有装备武器的情况下，往往缺乏冷静的分析判断，有勇无谋一味冲上前去力图控制对方，结果往往是"出师未捷身先死"，不仅没能制服犯罪分子，反而无谓地牺牲了生命，令人扼腕叹息。在公安机关日趋强调以警为本、重视警察谋

① "黄建安：不要期望警察如此'英勇无畏'"，2008－10－09 http：//bbs. fjsen. com/thread－283189－1－1. html

略和警务技战术的今天，这种观念和做法已经过时，必须予以改变和避免。

近年来，各级公安机关非常重视对民警进行警察谋略和警务查缉技战术等方面的训练，依托各地公安院校和警察训练学校良好的培训条件，加强警察谋略和技战术的培训，取得了良好的效果。这表明公安机关对警察谋略的价值有了更深刻的认识，也表明公安机关对警察英勇顽强和不怕牺牲精神在内涵上有了新的理解和认识，令人欣慰。

三、善于把克敌制胜与自我保护相结合

对于公安民警而言，英勇善战的最高体现就是既能有力地打击犯罪，又能把对民警的损害降到最低，即实现克敌制胜与自我保护的有机统一。克敌制胜是警察英勇善战的指向和目的，而民警有效的自我保护则是实现这一目的的前提条件。这就意味着，在遇到紧急和危险情况时，警察既不能置生命于不顾而鲁莽地出击，也不能为了保全自己而放弃警察的工作职责，在困难和危险面前当逃兵。正确把握好这两者的关系，努力追求两者的完美结合，不仅需要警察有超人的智慧和胆识，而且需要在平时练就过硬的基本功和克敌制胜的能力。英勇善战的要求虽然强调警察要不怕牺牲，但又不轻言牺牲，面对危险和紧急情况，只有在警察的生命和国家利益及人民群众生命财产保护之间不能做到两全且又必要的情况下，警察才要舍生取义，做出牺牲。

长期以来，由于片面的认识和对警察职业安全问题的忽视，一些公安领导者和民警把克敌制胜和自我保护对立起来，认为在危险面前，警察不是当英雄就是当懦夫。这种形而上学的思维方式把在大多数情况下可以做到两者兼顾的情形绝对化为二元对立，使警察经常处于内心挣扎的矛盾冲突之中，无形中给警察造成了很大的心理压力，也给警察有效应对面临的危险带来障碍。当前，以警为本的理念已经深入警心，公安民警作为公安机关最宝贵的资源，其职

业生命安全等问题已经受到公安机关上上下下普遍的关注。面对每年数百名公安民警宝贵生命的逝去，必须反思一些固有的片面观念和认识，使广大公安民警能够在克敌制胜的同时理直气壮地做到自我保护。

比较而言，国外警察部门对警察完成工作任务与自我保护的关系有着较合理的认识。以美国为例。美国警察把自我保护、严格培训、精良的装备看做是减少警察伤亡的基本要素。就警察自我保护而言，警察组织要求为了有效地打击犯罪和保护公民的利益，警察在执行任务时要把保护自己放在第一位，不做无谓的牺牲。他们认为，保护自己是完成任务的先决条件。在警察执法的过程中，警察既要按法律的要求办，又要讲究科学的方法，不蛮干。例如，一名正在执行巡逻任务的警察发现一个抢劫犯得手后逃离现场，他不会盲目采取行动，而是会迅速通过报话器将这一突发情况报告警察总部，然后跟踪抢劫犯并伺机向其发出警告。尽管与其近在咫尺，但在没有弄清楚对方是否有枪械之前，他没有离开掩体，以防罪犯还击而夺路逃跑。直到增援的人员到达之后，他才去逮捕劫犯。应该说，美国警察部门这种注重保护警察生命，不要求警察做无谓牺牲的做法，是值得我们学习和借鉴的。

令人欣慰的是，警界已有很多公安领导者和民警认识到了打击犯罪和有效自我保护两者结合的价值。例如，在历史文化名城河南省南阳市流传着一个普通民警的“神话”，他叫史济南。从警十多年来，他处置突发暴力性案件六十多起，多次与持枪持刀歹徒殊死搏斗，多次冒着生命危险救人，却每次都能全身而退。记者曾这样问史济南：“警察一般都是英勇顽强的典范，而你却强调要注意保护自己，不要轻易冒险。你这样做就不怕别人笑你贪生怕死吗?”史济南回答说：“你说得不完全正确，警察在要求英勇顽强的同时还要机智灵敏，有勇有谋才真正是我们给全社会树立的典范。作为警察最重要的就是怀有强烈的责任感，即对全社会、整个公安队伍包括家庭都应该有责任心。一名公安人员的牺牲可以为自己带来许多至高无上的荣誉，但同时这种牺牲也为全社会、单位和家人带来巨大的损失！所以如果是一位有责任心的警察，就要珍视自己的生命健康，在同罪犯作斗争的过程中讲求防范技术和保护自己。只有有效地保护自己，才能更有力地打击罪犯！”① 从某种意义上说，一名警察如果不能保护自身安全，也很难有效保护群众的安全。

① 《智勇双全史济南》，《法制日报》2003 年 4 月 7 日。

第五章 热诚服务

为民服务既是公安机关和公安民警的根本宗旨，也是公安民警职业道德的基本内容。2011 年修订公布的《公安机关人民警察职业道德规范》在 1994 年《人民警察职业道德规范》的基础上对公安民警的“服务”内容进行了丰富和发展。其中“热诚服务”是公安部根据党和国家的政策方针以及新时期人民群众对公安民警的要求做出的全面而又深刻的概括，既有坚实的政治理论基础，也是对公安工作实践的全面总结，对公安机关人民警察提出了更高的要求。

第一节 热诚服务的主要内容

热诚服务，是指公安机关和公安民警要积极主动将崭新的服务理念融入日常工作，将全心全意为人民服务的宗旨不断升华，做到既诚恳又热情，既全面周到又细致入微。它是新时期公安民警职业道德的基本内容和要求，也是公安民警践行全心全意为人民服务宗旨的基本道德依据。

作为公安机关人民警察职业道德规范的“热诚服务”，其主要内容及要求包括：情系民生，服务社会，热情周到。

一、情系民生

情系民生，就是要用真情来对待百姓的事，用实意来回馈群众诉求。

“立党为公、执政为民”是我党必须遵守的政治立场，各级领导干部要牢记党的宗旨，坚持“权为民所用、情为民所系、利为民所谋”，始终把群众利益放在第一位，各项工作、各个环节中都要细心研究群众需求、体察群众情绪，为群众诚心诚意办实事、尽心竭力解难事、坚持不懈做好事，将“立党为公、执政为民”这一理念切实落实到关心群众生产生活的工作中去。公安机关作为具有武装性质的治安行政和刑事司法力量，不可避免地要承担起“执法为民”的职能。公安民警不单要“热爱人民”，“时刻把人民群众放在心上，对人民群众有强烈的责任感，以饱满的工作热情对待人们的事业”[①]，更要将这份热忱的心落实到关心群众生活的工作中去。

公安民警占全国公务员数量近三分之一，是政府各行政机关中最为庞大的力量。经过公安机关不断改革，绝大部分警力已经充实在基层，因而，公安民警在公安工作中能否做得扎实有效事关社会主义和谐社会建设的全局。在社会主义和谐社会建设的道路上，公安民警应当将心系群众、情系民生作为公安民警自身的基本职业道德素养。公安民警在公安工作中要深切关怀群众的生活，恤民情、察民意、解民忧。同时，公安民警作为国家重要执法力量，要以执法带动服务，寓服务于执法。

公安民警要做到情系民生，一是对所有的服务对象要有亲情，把服务对象当父母、当兄妹、当亲人；二是对所有的服务对象要有真情，真心实意地向他们宣传政策、解决困难；三是对所有的服务对象的所需所求要倾情，认真听取服务对象的需求，在政策法规允许的范围内创造性地为服务对象服务；四是对所有的服务对象要有热情，热情主动接待服务对象，方便群众办事。[②]

---

① 肇启军：《思想道德修养与人民警察职业道德》，中国人民公安大学出版社2007年版，第163页。

② 《“情系民生”的内涵》，《中国民政》2008年第9期，第47页。

二、服务社会

近年来，中央要求要适应经济社会发展新形势，加强和创新社会管理，建设中国特色社会主义社会管理体系，巩固党的执政地位，维护人民根本利益，保证国家长治久安。党和政府提出各级行政机关要不断创新社会管理，服务社会，树立以人为本、服务为先的理念，寓管理于服务，努力实现管理与服务的有机统一，最根本的还是要回归到党、国家、人民的事业上来。服务经济社会发展是公安部党委总结的新时期公安机关和公安民警又一重大政治和社会责任。

与1994年《人民警察职业道德规范》中“服务人民”的内容相比，新《规范》中“服务社会”的提出更具有针对性。“人民”这一概念经历了历史的变迁，现在所讲的“人民群众”是指先进生产力和先进文化的创造主体，是实现自身利益的根本力量。“服务人民”的表述较为抽象和宏观，并且受社会思想观念变化和当前某些基层民警政治理论修养相对不足的影响，一些民警对“服务人民”的理解并不深刻，使得这一道德规范难以贯彻落实，往往流于形式。“服务社会”有着更为广泛而又深刻的含义，既包括服务百姓个人，又兼顾了服务经济社会发展大局；既明确了公安民警的职能，又丰富了警察职业道德要求。可以说，“服务社会”包含了公安民警服务职能的方方面面，不仅包括打击犯罪、保障安全的根本职能，以及公安机关所承担的各种行政服务工作，而且还涵盖着方便群众、管理社会的政府辅助角色。时下，“服务社会”将不仅仅是一项对公安机关和公安民警的职责要求，更是新时期公安民警基本的职业道德。

三、热情周到

“最大限度地激发社会活力，最大限度地增加和谐因素，最大限度地减少不和谐因素”是党提出的对“构建和谐社会”这一目标的重要要求。公安机关在维护社会和谐稳定方面发挥着举足轻重的作用，和谐的警民关系是公安机关发挥维护社会和谐稳定的前提和基础，和谐警民关系建设离不开服务社会这一应有内容，因而，提升公安机关服务质量事关和谐社会建设大局。在我国，作为公安机关提升服务质量的关键一环——热情周到，既是对公安民警服务群众的道德要求，也是构建和谐警民关系的重要举措。

热情周到的内涵极为深刻，首先是内在层次。当前，在社会结构变迁、社会矛盾和冲突加剧，收入分配失衡、贫富差距拉大，社会组织控制功能弱化、管理难度加大，社会治安形势复杂、维稳任务繁重的背景下，警民冲突事件不断，警民关系不断恶化。为弥合警民关系出现的伤痕，全国公安机关多次开展了沟通群众、服务群众的整顿、教育工作，从“三项教育”到“三项建设”，从“立警为公、执法为民”到“人民公安为人民”的教育活动，再到当前的“热诚服务”的警察职业道德要求，无一不是在强化着公安民警的服务意识。其次是外在层次。公安民警要提高内在修养，对人彬彬有礼，对事热情周到，树立警察良好形象，在服务百姓时要怀揣着一颗炽热的心，让百姓感受到民警服务的真情与温暖。同时，服务百姓内容上，在公安机关职责范围内要想民之所想，急民之所急，深切关怀群众所需，及时提供有益帮助，在力所能及的范围内尽一切可能满足百姓对公安机关服务的要求。

第二节　热诚服务的基本依据

一、热诚服务是由公安机关和公安民警的本质和宗旨决定的

我国是工人阶级领导的、以工农联盟为基础的人民民主专政的社会主义国家。在我国，人民群众是国家的主人，一切国家公务员都要为人民服务。警察是维护社会秩序和国家安全的武装性质的治安行政力量和刑事司法力量，人民警察是人民民主专政的重要工具之一。《人民警察法》第3条规定：“人民警察必须依靠人民的支持，

保持同人民的密切联系，倾听人民的意见和建议，接受人民的监督，维护人民的利益，全心全意为人民服务。”这一法律规定体现了公安机关和公安民警的本质和宗旨。这就决定了人民警察是服务人民群众的主体，热诚服务是对人民警察的必然要求。

二、热诚服务是构建和谐警民关系的重要切入点

当前，警民关系成为社会关注焦点，和谐警民关系建设越来越受到重视。2008 年，公安部部长孟建柱在构建和谐警民关系专题报告会上强调，各级公安机关和广大公安民警要从老百姓最关心的小事做起，把工作做到老百姓的心坎上，积极构建和谐警民关系。在警民关系面临越来越复杂情况下，各级公安机关紧紧围绕民生、改善民生，从人民群众的衣食住行等最基本的民生问题入手，进一步加强和改进社会管理和服务工作，积极研究推出新的便民利民措施，把公安工作的成效更多地体现到促进社会和谐、惠及人民群众上来，让人民群众感受到更温暖、更方便、更安全的服务。在执法中体现服务，在管理中体现服务，真正把服务精神贯穿于各项具体的公安业务中。这些服务举措无不体现了当前公安机关的更深层次的服务理念——理性、文明、平和。可以说构建和谐警民关系，首先必须在理念上找准怎样服务群众，热诚服务便是这个最直接、最首要的切入点。

三、热诚服务是警察服务理念发展的必然性凝结

要对“热诚服务”进行充分认识，必然要对警察服务理念进行历史考察。中国的警察行政始建于清朝末年，1905 年在北京成立的巡警部是中国第一个全国性的统一的中央警察机关。当时清政府就提出了“对百姓‘友之如手足，亲之如子侄’”[①] 的惜民爱民

① 肇启军：《思想道德修养与人民警察职业道德》，中国人民公安大学出版社 2007 年版，第 154 页。

的执法要求。这一思想是儒家政治思想中亲民爱民正确反思的结果，也是对外国建警治警经验借鉴的体现，可以说它是中国警政中为民服务思想的开端。

中国共产党在领导人民大众进行反帝、反封建的过程中，逐步确立了“群众路线”的基本方针。服务人民的理念真正纳入公安保卫工作之中。新中国成立后，我国自上而下建立了人民警察机关，党和国家高度重视人民警察队伍建设。自民主革命时期我党确立的“群众路线”在新时期公安队伍建设的过程中得以丰富和充分贯彻。新中国成立初期，爱民拥警成为这一时期警民关系的主题。与此同时，“为民服务”的思想正式纳入人民警察职业道德建设的内容之中，如1958年第九次全国公安会议通过的《公安人员八大纪律十项注意》中就明确要求“多办好事服务人民，说话和气办事公平，尊老爱幼尊重妇女，注意礼貌讲究风纪”。十一届三中全会以后，公安机关面临新形势，担负起社会主义现代化建设的新任务。1983年，中央政法委员会在制定的《政法公安人员守则》中要求公安人员要“热爱人民、服务人民”。它纠正了“文化大革命”中公安队伍的混乱局面，解决了“人民警察要为谁服务”的方向问题。随着改革开放的不断深入和社会主义市场经济体质的逐步建立和完善。1994年，公安部公布了《人民警察职业道德规范》，对“全心全意为人民服务”的宗旨提出了具体要求，即“服务人民：热爱人民，甘当公仆，爱憎分明，除害安良”。1995年，第八届全国人大常委会第十二次会议通过了《人民警察法》，其第3条明确规定，“人民警察必须依靠人民的支持，保持同人民的密切联系，倾听人民的意见和建议，接受人民的监督，维护人民的利益，全心全意为人民服务。”至此，“为人民服务”的宗旨在公安机关和公安民警“服务”理念的发展过程中有了坚实的基础。同年10月江泽民总书记为济南交警所作的题词“严格执法、热情服务”是对公安民警职业道德基本准则的高度概括。进入新世纪，党和国家对公安机关和公安民警提出了更高要求。胡锦涛总书记在第二十次全国公安会议上指出："坚持人民公安为人民，必须时刻把人民群众的安危冷暖放在心上，从人民群众最希望公安机关做的事情做起，从人民群众对公安工作最不满意的事情改起；凡是失民心，背民意的问题，都要雷厉风行去改。"这是党中央又一次对公安民警提出的通俗而又深刻的"为民服务"的总要求。孟建柱部长提出了"公安机关要服务经济社会发展"的新时期公安民警政治和社会责任，第一次将公安民警的服务职能内容全面的总结为"服务经济社会"。2011年，新修订公布的《公安机关人民警察职业道德规范》中对警察服务这一职业道德要求进行了深刻的凝结——"热诚服务：情系民生，服务社会，热情周到"。

通过梳理我国警察服务理念的历史发展脉络，我们能够清晰地认识到警察服务理念在我国的发展与变迁，既有时代的印记，又有现实环境的制约。"热诚服务"一条是对客观实际要求的科学总结，也是与时俱进的结果，具有全面性、深刻性以及高度概括性。它"不仅是党的根本宗旨对公安工作的本质要求，也是'一切权利属于人民'的宪法原则在公安工作中的体现"。①

第三节　热诚服务的具体要求

一、用真情系民生

（一）要摆正同群众之间的关系

"热爱人民，甘做人民公仆"。只有先摆正同人民群众之间的关系，确认人民至上的观点，才能更进一步深入群众，助民难，解民忧，才能便民利民，建立和谐的警民关系。公安民警要树立宗旨意识，把为民服务变成自觉的行动。只有有了爱民的感情，才能有

① 王庆功等著：《公安机关"三项建设"导论》，中国人民公安大学出版社2010年版，第221页。

服务的自觉。否则“心里没有群众，就是忘本；对群众的安危疾苦漠不关心，就是变质”。①

（二）要深入基层、深入群众

坚持“从群众中来、到群众中去”的路线，公安民警要深入基层，深入群众，做好“警务之树”的根基工作，细心研究群众需求，体察群众情绪，倾听群众呼声，将群众的意愿带回组织。2005年公安机关开展的“开门接访”就是一次公安领导机关、公安机关领导深入基层群众，察民情、解民意、化纠纷的表率行动，“开门接访”系列活动正在逐步制度化、规范化，广大公安民警应该将这项工作做得更加坚实，以使这项方针政策更好地体现人民群众的利益需求。

（三）要做到“三个不停留”

一是不停留在口号上。公安机关的宣传思想一定要落实到行动上，不要“只张嘴、不动手”，导致人民群众对公安机关和民警缺乏信任，影响队伍形象，破坏政府的公信力。二是不停留在“大事”上。“办大案、除大害、解大难”是公安民警的本职工作，固然十分重要，但“千里之堤毁于蚁穴”，人民群众的鸡毛蒜皮小事亦影响大局，公安民警的日常工作中不能忽略了百姓生活中的小事。在美国，“警官处理的报警中，三分之一以上涉及提供各种服务，有些警察机构将自己看做是服务的提供者”。② 三是不停留在一般要求上，公安机关对待民意的处理不要只停留在一般原则性要求上，公安民警对百姓的承诺要拿出非常具体、非常实在的行动，不要只停留在表面。

（四）要将群众的满意度作为公安工作的评估标准

胡锦涛总书记强调，坚持以人民拥护不拥护，赞成不赞成，高

---

① 孟建柱：《公安干警对群众的安危疾苦漠不关心就是变质》，载《人民日报》2009年5月7日。

② ［美］罗伯特·兰沃西、劳伦斯·特拉维斯著 尤小文译：《什么是警察：美国的经验》，群众出版社2004年版，第330页。

兴不高兴，答应不答应衡量我们的工作好坏。2011 年初，公安部部署开展了大走访“开门评警”活动，这“是把人民对公安工作的满意度、对民警工作的满意度的评判权真实地交给群众，将群众评价作为公安工作和民警考核的重要指标”①。正如北京东城区一位社区民警所言，极力去为百姓服务，在半年一次的“百姓述评”中依然忐忑不安。② 我们只有将群众的满意度作为自身工作的标准，将“服务群众”的好坏作为警察职业价值的尺度，才能够在警察职业道路上扎根，在社会主义现代化建设的过程中找到自己的方向。

二、融服务于执法

（一）把握好执法中服务的四项原则

一是责任原则。在当前国际背景下，发展与稳定依然是我国今后面临的主题，公安机关和公安民警要坚持将服务经济社会健康有序发展作为工作重点，牢固树立警察的责任意识，按照“社会发展到哪里，警务服务到哪里”的要求，切实把服务经济建设、保障社会稳定作为“份内事”，作为公安机关和公安民警义不容辞的责任。

二是公平原则。当前我国有些官员特权思想泛滥，向公安机关提出要求为其提供特殊的“警察服务”，这无疑在某种程度上侵犯了社会公众的安全权益。正如警察护送取款人回家案例，这种安全需要已不属于公共安全范畴，而是个人的特殊安全需要。任何一个政府部门的职能都是有边界的、有限的，公安部门更是如此。公安民警要明确哪些应由个人通过其他途径得到保障，公安民警的社会

① 公安部办公厅副主任、新闻发言人刘家伟在做客央视社会与法频道 2011 两会特别节目《我建议》节目中，对公安系统“开门评警”工作梳理时这样说到。

② 林海文：《对“开门评警”的解读与思考》，《湖南警察学院学报》2011 年第 3 期，第 31 页。

管理职责更应体现在公共安全的维护方面，比如加强银行周边治安管理，为银行交易人员提供良好的治安环境，这样既履行了警察的职责又实现了公众安全权益的公平正义。

三是法定原则。《人民警察法》第2条第一款规定："人民警察的任务是维护国家安全，维护社会治安秩序，保护公民的人身安全、人身自由和合法财产，保护公共财产，预防、制止和惩治违法犯罪活动。"公安民警要全面把握自身的职责内容，严格依照法理提供服务，不应有逾矩行为。

四是效率原则。公安工作效率的高低直接影响到服务的质量。这就要求公安民警在工作中，按照推进社会管理创新的要求，立足公安主业，强化服务效能，进一步简化行政服务管理手续，将对人民群众的深厚感情投入到执法服务等各项工作中，多做顺民意、解民忧、惠民生的小事、实事、好事，多推出符合实际、实实在在的便民利民措施，努力践行"人民公安为人民"的庄严承诺。

（二）要克服长期以来思想观念的四种误区①

一是"服务辅业"的错位观念。受专政意识的影响，一些公安民警包括一些基层单位的领导仍然简单地认为公安机关是国家专政机器，其根本职责就是打击、防范违法犯罪活动，而服务社会发展和经济建设是其他政府部门的事情。这种把打击犯罪与服务社会割裂开来的思想从本质上讲是一种本末倒置的错误想法，打击犯罪与服务社会二者相辅相成，打击犯罪的根本目的是服务社会、维护社会稳定，服务社会则是公安机关的根本职责。

二是"机械服务"的缺位观念。一些基层公安民警认为服务社会就是改善服务态度、改进服务形象、推出文明用语等。这是一种肤浅的认识，应该把服务社会提高到更高层次，即更好地关注服务民生、促进生产力发展、维护社会和谐稳定，让更多的警务资源

① "新时期公安机关服务保障职责探讨"，http：//www.gaj.suzhou.gov.cn/plus/police_station_content.php？aid=184556&cid=147&did=693.

投入到服务经济社会发展的工作中，以公安机关的规范执法、热情服务，促进区域经济社会发展健康持续地快速推进。

三是“警力有限”的失位观念。虽然在当前形势下，为经济社会发展保驾护航成为工作主题，公安机关出台了相应的政策和制度，大部分公安民警也能够积极响应。但是，在实际工作中却往往被大打折扣，达不到既定效果。究其原因，主要是少数公安民警认为在当前繁重的警务工作的压力下，无暇顾及服务社会经济发展这一职责要求，从而带着抵触的情绪，在工作中被动应付、敷衍了事，并以“警力资源有限”等借口予以推脱，导致工作效果大大降低，不仅影响了服务职能的发挥，而且“份内事”也受到牵连。少数公安民警服务意识淡薄，工作态度仍存在冷、硬、推现象，不能积极有为、主动作为，很容易造成群众的反感和投诉，不仅与当前社会形势发展不相适应，更会大大影响到社会公众对公安机关的满意度。

四是“无限服务”的越位观念。与失位观念相反，“无限服务”的越位观念也影响了警务工作的有序进行和带来社会对警察评价的混乱。管得过多、过宽，不仅管不过来、管不好，还费力不讨好，招致群众的责难，公安机关不可能对社会承担起无限服务的责任，任何一个政府的职能都是有边界的、有限的，我们必须彻底摆脱新时期公安民警在履行职责方面无限扩大、不受制约的倾向，准确界定公安民警的各项服务保障职责。

（三）要在职责范围内不断扩展服务的内容、创新服务形式

不同业务警种无一不是在践行着服务人民、服务社会的宗旨与职责，公安民警无论是担任服务的责任主体还是公安机关的一部分，都要切实在打击犯罪、人口服务管理方面、互联网安全管理方面、社会矛盾化解方面、社会治安方面、维护市场经济秩序方面不断推进管理与服务的创新。

三、携热情、做周到

（一）让微笑在服务中延伸

日常工作中，看似一个简单的微笑却是对一个人是否敬业的检验。微笑不只是动一下嘴角，褶皱一下脸皮就能够达到暖人心弦的效果的，没有人能够在厌恶的职业中微笑得那么自然，任何一点儿虚伪和做作都会使得微笑对象反感甚至厌恶。微笑是一个人涵养的外在表现，把不佳的情绪带到岗位上就无法真诚地微笑，只有真正热爱这个职业才能露出发自内心的微笑，达到服务的热情效果。作为在基层公安机关窗口单位工作的公安民警，是公安机关联系群众最为直接的主体，微笑服务是向群众传达热情的重要方式，同时也是体现公安民警热爱群众，服务社会的职业素养。天津市公安局局长武长顺曾说，“对公安机关窗口单位执勤民警的基本要求应当是‘微笑加高效’”。[①] 微笑服务是人与人相互尊重的需要，所体现的是一种文化价值，服务者向被服务者微笑，是对被服务者的一种尊重。微笑服务是一种职业修养，是警察的必备技能。

（二）为民服务体现在细节中

构建和谐警民关系，首先必须在理念上找准主动服务群众这个切入点，在服务群众上，从百姓最关心的小事做起，从细节入手。

党的十七大报告提出保障民生、改善民生，让全体中国人民共享改革开放成果的主张。这是我党第一次将全心全益为人民服务的宗旨意识具体化为保障民生、改善民生的目标，为我们走出当前社会“矛盾凸显期”所形成的错综复杂的局面指引了方向，寻找到了破解困局的重要途径。在警民关系建设实践面临越来越复杂的情况下，各级公安机关紧紧围绕民生、改善民生，从老百姓的衣食住行等最基本的民生问题入手，进一步加强和改进社会管理和服务工作，积极研究推出新的便民利民措施，把公安工作的成效更多地体

① 《天津市公安局长武长顺局长的15句名言》，《现代世界警察》2010年第1期。

现到促进社会和谐、惠及人民群众上来，让人民群众感受到更温暖、更方便、更安全的服务。在执法中体现服务，在管理中体现服务，真正把服务精神贯穿于各项具体的公安业务中。这是构建警民关系的一个重要环节。

2008年11月，国务委员、公安部部长孟建柱与在公安部机关构建和谐警民关系专题报告会上发言的三名基层公安民警就深入学习实践科学发展观、积极构建和谐警民关系进行座谈时强调，各级公安机关和广大公安民警要从老百姓最关心的小事做起，把工作做到老百姓的心坎上，积极构建和谐警民关系。

全国一级英模蒋敏用自己的实际行动，诠释全心全意为人民服务的宗旨，她用自己朴实的语言解读了“责任”二字。当记者问她：“你怎么解读责任二字?”时蒋敏说：“责任，是放在心里的，而不是挂在嘴上的。虽然我自己没有太大的能力做轰轰烈烈的大事，但我觉得，只要踏踏实实做好每一件平常小事，要用100%的心，去争取100%地做好事。”山西平顺县公安局治安大队长申树风体会：经常往市里跑、省里跑，越跑越觉得自己官小级别低，越跑越灰心；经常向乡里、村里下边跑，就感到自己大小还是个人物，越跑越觉得自己信心充足——合理定位不错位。申树风用自己的亲身体会诠释这样的理念：“难做大事，专做小事；难见官员，专见百姓；头顶国徽，身揣红心；构建和谐，一生为民”。

（三）将为民服务化为日常的行动

窗口单位的为民服务更要规范。当前窗口服务单位普遍在进行规范窗口服务语言的培训，这些培训实质上就是要将这种服务理念规范化，化为民警的实际行动，贯穿工作的全过程。其实这些规范应该贯穿到所有公安民警的为民服务理念和行为上。公安工作服务理念在这几年有了很大的提高，在理念上理解“全心全意为人民服务”的宗旨是一个相对比较容易的问题，而在行动上，一个公安民警如何能够做到全心全意为人民服务，这其实是一个很高的要求，甚至是一个难以达到的境界。其实每一个人，都要做好自己的本职工作，每天做好自己份内的事，做好自己身边的小事。只有这样，才会给自己画一个较为完美的画像。

孟建柱部长2009年12月1日在《求是》发表文章说，要让吃苦的人吃香，实干的人实惠，有为的人有位。亚里士多德将警察定义为：“良好的秩序，城市的管理与组织，对人民的支持，是给予人民的所有礼物中最伟大的，最首要的。”在当今世界，警察如能够始终做到热情周到地为人民服务，必将是献给人民最伟大的礼物。

第六章 文明理性

文明理性是公安机关人民警察职业道德修养的理想境界，也是现代社会人民群众对于公安民警执法行为提出的基本要求。公安机关不仅应把公安民警队伍打造成为威武之师，还应塑造成为文明之师。

第一节 文明理性的主要内容

作为公安机关人民警察职业道德的基本规范之一，文明理性主要包含理性平和、文明礼貌和诚信友善等三个方面的内容及要求。

一、理性平和

（一）理性

何为“理性”？在西方国家，“理性”这一概念起源于古希腊的“nous”和“logos”两个概念，“nous”在希腊语中本是指灵魂、心灵，后来转为理智、思维。“logos”即逻辑。由这两个概念出发，人们对于“理性”的概念作出了多角度的解读。从本体论意义上看，有学者认为，理性是与物质性、动物性相对应的，指的是一种特殊的被称为理性的实体。自然界的物质是混沌无知的，而人却是具有自我意识和理智，人类拥有动物所没有的许多能力，这些能力被认为是来自于理性。从认识论角度看，有学者认为，理性是指人所特有的超越一切动物水平之上的认识和适应环境的能力，是人的身体、尤其是人脑的一种特殊的认识机能。从行为论角度看，有学者认为，理性是指人的行为的自我约束和控制能力，类似于人们经常说的“有理智”。在我国，对于“理性”也有不同的理解。汉代徐干在《中论·治学》中说：“学也者，所以疏神达思，怡情理性，圣人之上务也。”这里，理性是指陶冶性情的意思。晚清小说家李伯元在其作品《官场现形记》第六回写了这样一段话：“这算甚么话！要人走，钱不还人家，这箇理性倒少有。”这里，理性显然是“道理”的意思。而毛泽东在《实践论》是指出：“理性的东西所以靠得住，正是由于它来源于感性。”这里，则是从认识论的角度来使用“理性”，指的是与感性相区别的判断、推理等思想活动。

作为公安民警职业道德规范的基本要求，理性主要是从公安民警行为角度来理解，指公安民警应经过分析、思考，形成自己的判断和推理，进而正确地理解法律并恰当地运用法律。特别是在执法活动中，牢固树立大局意识、政治意识和责任意识，积极追求执法内容与其形式、效果的统一，最大限度地张扬社会进步的主旋律。

（二）平和

何为“平和”？对此人们有比较一致的理解和认识，其基本内涵是指平正谐和、宁静温和、不偏激。如《左传·昭公元年》中有：“先王之乐，所以节百事也，故有五节；迟速本末以相及，中声以降。五降以后，不容弹矣。于是有烦手淫声，慆堙心耳，乃忘平和，君子弗听也。”《管子·形势解》曰：“明主犹羿也，平和其法，审其废置而坚守之，有必治之道，故能多举而多当。”这里“平和”均为平正之意。《礼记·乐记》中讲：“感条畅之气而灭平和之德，是以君子贱之也。”陈澔集说：“减败人心和平之德。”《辞左仆射三札子》中讲：“酌宽猛之政，处大小之事，必平和允惬，曲尽其宜。”这里的平各则为宁静、不偏激之意。

作为公安民警职业道德规范，“平和”是指公安民警应以平等谦和而不是居高临下的冷漠态度对待人民群众，在公安工作中要以公心、诚心和耐心解决人民群众的诉求，疏导和化解社会矛盾，最大限度地增加和谐因素。在公安执法活动中，平和表现为民警以平静的执法心态、良善的执法举措、公正的执法结果，实施执法行为，最终达到促进社会和谐进步目的的执法方式。

二、文明礼貌

“文明”（Civilization）一词源于拉丁文“Civis”，意思是城市的居民，其本质含义为人民生活于城市和社会集团中的能力。后引为一种先进的社会和文化发展状态，以及到达这一状态的过程。而汉语中的“文明”一词，最早出自《易经·乾卦》：“见龙在田、天下文明”。在人类学、哲学视野中，“文明”与“野蛮”一词相对应，是指一种社会开化、进步状态，这种进步状态表现在多个方面，如在精神方面，是指人类在改造客观世界和主观世界的过程中所取得的精神成果的总和，反映的是人类智慧、道德的进步状态。“礼貌”（Polite），是指人与人之间和谐相处的意念和行为，是言谈举止对别人尊重与友好的体现，反映的是人们所具有的对他人的尊重、宽容、谦让、与人为善等良好品质。

文明礼貌，作为公安民警职业道德规范，是公安民警精神风貌和作风素质的外在表现，彰显着公安民警谦虚谨慎、不耍特权、礼貌待人和以理服人的工作态度与工作方式。具体体现为公安民警在履行公安工作中，尊重人民群众的意见和要求，虚心向群众学习；正视自己的缺点与错误，注重开展批评与自我批评；关注自身言谈举止的行为后果，努力做到谨言慎行；正确认识和运用国家与人民群众赋予的权力，坚持立警为公，执法为民；甘当人民群众的公仆，反对以势压人；讲究礼貌，说话和气，谈吐文雅，绝不恶语伤人，盛气凌人；对待人民群众主动热情、态度和谐，绝不端架子，耍威风；工作执法耐心细致，以理服人，绝不简单粗暴，滥用武器警械；坚持以人为本，体现人文关怀，尊重保障人权，等等。

三、诚信友善

（一）诚信

诚信（integrity），是对日常行为的诚实和正式交流中讲信用的合称。在一般意义上，“诚”即诚实诚恳，主要指主体真诚的内在道德品质；“信”即信用信任，主要指主体“内诚”的外化。“诚”与“信”组合在一起，基本含义是指诚实无欺，讲求信用。千百年来，诚信一直被中华民族视为自身的行为规范和传统美德，并赋予其多种具体内涵：一是立人之本。《论语·为政》曰：“人而无信，不知其可也”；《孟子》说“诚者，天之道，思诚者，人之道”。二是言行一致。《礼记·大学》中说：“所谓诚其意者，勿自欺也”；《朱子语录》中讲：“诚意，只是表里如一。若外面白，里面黑，便非诚意。”三是信为政基。《贞观政要·诚信》中讲：“夫君能尽礼，臣得竭忠，必在于内外无私，上下相信。”在西方，诚信没有像中国古代那样被赋予道德本源的意义，但是同样源远流长。古希腊哲学家苏格拉底、柏拉图等就讨论过“守法践约”问题，特别是西方的诚信观始终是与契约联系在一起的。从柏拉图开始，到格劳秀斯、托马斯、霍布斯、洛克、卢梭等，社会契约论思想源远流长。在这些理论中，都包含了信守诺言、履行契约的规定性。

作为公安民警职业道德规范的重要内容，诚信是指公安民警基于忠实社会公共安全利益所包含的职责与义务而形成的真诚无欺、信守然诺、实事求是、表里如一、言行一致的心理意识、原则规范和行为活动的总和。

（二）友善

友善（friendly），即温和待人、乐于助人。“友”是一个会意字。在甲骨文中，字形是顺着一个方向的两只手，表示以手相助，本义就是朋友。作动词时，“友”有结交、相互合作、予人帮助或支持的意思。“善”也是一个会意字，从言，从羊。言是讲话，羊在古代是吉祥的象征，如果单从处理人际关系的角度说，善的意思就是友好、亲善。友善是为人处世的重要准则，也是中华民族的传统美德。《孟子·公孙丑上》中说："取诸人以为善，是与人为善者也。故君子莫大乎与人为善。"其意思是，君子最高的德行就是同别人一道行善。《荀子·荣辱》中讲："与人善言，暖于布帛；伤人以言，深于矛戟"。章定在《名贤集》中说："良言一句三冬暖，恶语伤人六月寒"。《新五代史》中讲："君子之于人也，乐成其美而不求其备"。现在，友善的语意有所拓展，多指以善意的态度对待他人，为人着想，乐于助人。

友善作为公安民警职业道德规范的重要内容，意指公安民警在警务活动中，应怀着对人民群众无限热爱之情，尽己之力，为群众服务，助民力、解民忧；也指公安民警在警务活动中，特别是在与人民群众打交道的过程中，始终保持温和友好的态度，说话和气，同心同德；还指在与同事交往的过程中，相互尊重、相互理解、相互帮助。

第二节　文明理性的基本依据

将文明理性作为公安民警职业道德要求，有着坚实的理论基础与实践意义。

一、文明理性是公安民警职业行为的至高境界

公安机关及其民警队伍是武装性质的社会治安行政力量和刑事司法力量。作为国家机器的重要组成部分，为民执法是公安民警最为神圣的使命。法律，是社会进步与发展的产物即文明的重要成果，并在体现国家意志、利用警察等强制力维护统治阶级利益的过程中，经历着由感性的法至理性的法之嬗变。文明理性是法律的精髓和精神实质，也必然成为公安民警的内在秉性和职业行为所追求的至高境界。公安民警在一定意义上讲应该首先成为理性人。一是

公安民警应具备大局意识，能够客观冷静应对警务活动中遇到的各种复杂问题，各项公安工作始终围绕国家政权的稳定、社会的进步、经济的发展、民众的安居来进行。二是应有规则意识，因为法律是通过民主程序上升为国家意志，并由国家强制力保证实施的特殊规则，作为执法者，公安民警必须尊重规则，自觉接受规则的约束和指引。三是应有权利观念。只有具备了理性的权利观念，才能理解法律法规中的自由、平等和人权精神，从而自觉维护社会成员的民主、自由、平等和尊严。四是应有科学精神。唯有如此，才能正确对待人性固有的弱点、社会固有的矛盾以及法律自身的局限，做到在抽象的法律和具体运动的社会之间游刃有余，亦如有学者所指出的那样：公安民警应强化法律理性修养，“既要对法律的内涵、精神或法意（理念体系）有充分的认知、领会或了解，又要随时随地（根据情势变化）有对（当下的）法律精神或法意的领悟力、参透力。”① 总之，文明理性是公安民警应该遵守的道德规范，也是实现法的精神的重要保证。

二、文明理性是提高政府合法性的必然要求

“合法性”概念是对英文“legtimacy”一词的意译，也有学者将合法性释为“正当性”。在被称为对合法性问题做出系统研究的第一人的社会学家马克斯·韦伯看来，合法性是促使一些人服从某种命令的动机。在政治学中，“合法性”通常用来指政府与法律的权威为民众所认可的程度。从公共行政的角度看，合法性包含两个层面：一是形式上的合法性；二是管理的价值观能够得到公民的认同。合法性被认为是政府行政的最基本条件，如果一个政府缺乏必要程度的合法性，它将很快地崩溃瓦解。

公安机关是政府的重要部门，公安民警是法律的执行者，这决定了公安民警的职业活动即警务活动状况直接影响到我国政府的合

① 范忠信：《法律人的理性素养》，《法制日报》2003年11月6日。

法性。换句话说，只有公安民警职业行为与动机获得了公众的信任，才能使我国政府的公共权威和价值，也即合法性获得公众的认可。

公安民警职业行为与动机如何得到公众的信任？公安民警切实践行文明理性职业道德规范无疑是必然的要求。一是公安民警坚持理性执法，深刻理解法的精神，准确掌握法律与法规，严格执行法律程序，遵从警务活动的规律，并以科学的方法处理各项警务活动，便能保证法律的尊严，提升政府权威与可信度。二是公安民警坚持诚信执法，坚持诚信为本，秉持对人民利益的忠诚，对群众诉求所作出的回应承诺，便有助于使国家政权在大众当中赢得广泛信任和忠诚，从而进一步确立政府的合法性。三是公安民警坚持平和执法，以平等谦和的态度对待人民群众，以和谐的理念、和谐的精神、和谐的方式解决人民群众的诉求，真正关注民生，服务民生，坚持严格执法、热情服务，设身处地考虑人民群众的切身感受以及实际困难，在执法活动中，坚持宽严相济，以案析理，以案释法，便能够得到人民群众的理解与支持，从而强化政府的合法性。

三、文明理性是公安民警适应复杂执法环境的客观需要

当前，我国处于经济社会发展重要战略机遇期和社会矛盾凸显期，公安民警的工作环境出现了新的变化，这对公安民警及警务活动提出了新的要求。正如孟建柱部长所指出的那样："当前，我国经济社会发展呈现出一系列新的阶段性特征，社会稳定领域呈现出人民内部矛盾凸显、刑事犯罪高发、对敌斗争复杂的基本态势，各种社会矛盾的关联性、复杂性、敏感性明显增强，给公安机关驾驭复杂局势带来了新考验；各类违法犯罪和社会治安问题大量增多，给公安机关社会管理带来了新课题；人民群众法律意识、权利意识明显增强，舆论监督、社会监督力度空前加大，给公安机关执法活动提出了新要求。……在当前复杂的执法环境下，公安执法活动必须着眼于'最大限度地增加和谐因素、最大限度地减少不和谐因素'的总要求，统筹考虑国际国内两个大局，统筹考虑网上网下

两个因素，既要坚持严格、公正、文明执法，又要坚持理性、平和、规范执法，实现法律效果和社会效果的有机统一。”①

公安机关历来强调公安民警必须加强文明执法执勤的道德修养，1994 年 1 月颁布的《人民警察职业道德规范》便将文明执勤作为公安民警职业道德规范的重要内容，随后的公安机关开展的“三项教育”活动等活动，也日益强调公安民警文明执法的重要性与必要性，并将文明执法作为公安机关最基本的执法理念。2008 年以来，公安机关在强调文明执法的基础上，突出强调了理性执法的重要性，将理性作为公安民警执法理念的重要补充，正是适应当前执法环境的需要。公安民警切实践行文明理性职业道德规范，坚持文明理性平和执法，站在全局的高度，审时度势，全面分析整理各方面的信息，兼顾各利益主体的诉求，考虑警务活动所产生的各种可能性结果，坚持以法为据，以理服人，以情感人，不仅能够顺应社会潮流，彰显社会文明，体现社会公正，推动社会进步；而且能够克服野蛮执法、减少凭感觉经验执法、摒弃机械执法，有利于减少人民群众的排斥，赢得人民群众的理解，减少社会的矛盾，促进社会的和谐。

四、文明理性是构建和谐警民关系的重要途径

所谓警民关系，是基于法律规定和经济、社会历史发展而形成的一种警察机关、警察与其他社会组织、公众之间的权利义务关系，是警察组织为了更好地为社会公众服务，树立自身的良好形象，谋求自身的发展而采取传播、沟通等手段，与其他社会组织、公众之间双向沟通、互动，并在相关交流与互动的过程中所形成的一种相互了解、相互配合、互利互惠、共同发展的社会关系。在警民关系中，警察无疑处于主导的地位，警察的方式行为对于警民关

① 孟建柱：《着力强化五个能力建设　全面提升维护稳定水平》，《求是》2009 年第 23 期。

系起着决定的影响。

公安机关历来重视警民关系，将构建和谐的警民关系视为公安机关及公安民警完成工作任务，实现历史使命的重要保证。特别是改革开放三十多年来，积极探索出加强思想政治建设，打牢执法为民的思想基础；提升群众工作能力，增强为人民服务的本领；集中解决突出执法问题，提高公安执法公信力；广泛开展“开门评警”，强化群众监督；坚持开展爱民实践活动，扎实为民办实事；推动警察公共关系建设，树立亲民爱民的职业形象等一系列的密切警民关系的方法与实现机制。

公安民警切实践行文明理性职业道德规范，切实做到文明、理性、平和、诚信执法同样是构建和谐警察关系的重要途径。公安民警文明执法，能够优化公安民警的形象，提高人民群众的美誉度；公安民警理性执法，能够保证执法的公正性，提高人民群众的满意度；公安民警平和执法，能够温暖人民群众的心，提高与人民群众沟通的有效度；公安民警诚信执法，能够强化公安机关的信誉，提高人民群众的信任度。

五、文明理性是公民道德建设的重要标杆

公安民警作为国家公务员的重要组成部分，其职业道德建设水平对于公民道德建设有着重要的影响作用。公安民警切实践行文明理性的职业道德规范，提升职业道德建设水平，将成为公民道德建设的标杆，在公民道德建设中产生积极的引导与示范效应。

中国自古以来就有“以吏为师”的道德心理习惯，官德不彰，民风难淳，官员的道德高度往往影响着整个社会的道德高度。孔子说：“上好礼，则民莫敢不敬；上好义，则民莫敢不服；上好信，则民莫敢不用情。”[①] 我国学者提出了“道德施动”理念，强调“政府及其行政人员在实现自身价值的同时，有义务引导社会道德

① 《论语·子路》

向健康的方向发展，做社会道德的引导者，这是政府及其行政人员重要的责任之一。”① 中国伦理学会会长万俊人在“2011 中国哲学论坛”上作《社会转型期的道德问题、成因分析和解决对策》报告提出，官员等社会公共管理群体在道德止跌、避免溃败上作用最为重要。认为，从现实来看，普通民众把目光多关注在包括官员在内的公共管理群体上，欲改变整个社会道德水平滑坡现状，尤其要重视领导阶层的道德建设。公安队伍不仅是我国政府公务员队伍中最大的一个分支，而且公安民警大多工作在基层，即工作在政府的“窗口”单位，与人民群众有着最为广泛、密切的联系。因此，公安民警职业道德的状况对于公民的道德建设有着更为直接而重大的影响。

文明理性是公民道德的重要内容。中共中央 2001 年公布的《公民道德建设纲要》，把公民道德规范概括为“爱国守法、明礼诚信、团结友善、勤俭自强、敬业奉献。”其中，明礼诚信，团结友善居于重要地位。由此，公安民警更应强化职业道德建设，切实做到文明理性平和诚信执法，成为引领公民道德建设的积极力量。

六、文明理性是被实践证明的适应时代要求的职业道德规范

如前所述，文明作为执法理念，在 1994 年公安部颁布的《人民警察职业道德规范》中就已明确，而理性作为执法理念是北京奥运会开幕前夕孟建柱同志第一次提出的。虽然仅有 3 年多的历史，但是，理性其作为公安机关执法理念的丰富和发展，与严格、文明、规范等一样，得到了广大公安民警的高度认同，并在警务活动中得到践行，产生了积极的作用。2008 年在整个奥运会安保工作期间，全国公安机关特别是北京市公安局坚持文明执勤，理性执法，微笑服务，以柔克刚，妥善处理了遇到的各种复杂问题，有效

① 丁元、赵光敏：《社会道德场初探》，《河南师范大学学报（哲社版）》，1998 年第 4 期。

地维护了正常的奥运秩序与社会秩序，赢得了人们的好评。2010年，公安民警在“世博安保”工作中，以态度温和、举目得体、头脑清醒、反应敏捷为总体原则，识大体、顾大局、讲文明、讲礼貌、重形象、重修养，始终做到警容严整、精神饱满、言行文明、热情服务，向国际社会充分展示了中国人开放、自信、包容的大国心态和中国警方良好的职业素养与精神风貌。上海市公安局的公安民警坚持“三个不放过”，即不放过任何施放善意的机会，不放过任何一个为民服务的机会，不放过任何一个和社会沟通的机会。既确保了安全，又方便了游客，极大地改善了警民关系。

经过北京奥运安保、国庆60周年安保、上海世博安保、广州亚运安保、深圳大运安保和应对国际金融危机等一系列重大实践的检验，公安民警文明理性执法已被充分证明为适应现代社会执法环境和人民群众要求的合理理念，有着极大的客观必要性与重要性，已经成为整个公安机关警务活动必须遵循的重要原则。

第三节　文明理性的具体要求

一、心系大局、情理统一

（一）心系大局

我国清代人物陈澹然在《寤言二迁都建藩议》中写道：“自古不谋万世者，不足谋一时；不谋全局者，不足谋一域。”意思是说，不从长远利益的角度来策划，就不能够筹划好一个时期的事；不从全局的角度考虑问题，就不能够做好一个地区的事。强调人们应关心大局，树立大局意识。公安机关作为政府的重要组成部分，担负着巩固共产党的执政地位，维护国家的长治久安，保障人民安居乐业，服务经济社会发展的重大政治和社会责任。人们常说，“公安工作无小事”。这就决定了公安民警职业活动中的每一个具体决策、每一种具体言行，都将影响到党的形象、社会的稳定、国家的发展和人民的生活，由此，公安民警更应该树立大局意识，始终把公安工作放在党和国家工作大局中来谋划、来推进，进一步增强工作的前瞻性和预见性；始终把本单位的工作放在整个公安事业大局来思考、来实施，形成全国公安工作一盘棋，进一步推进公安工作的协调、可持续发展。公安民警心系大局，就必须认真研究和分析公安机关所面临的国际国内环境，正确理解党所制定的国家发展的整体战略部署及对公安工作的总体要求，科学运用唯物辩证法的立场观点和方法分析公安工作面临的各种复杂矛盾和现实状况，分清主要矛盾和次要矛盾，综合考虑警务活动的条件、步骤及环节变化，冷静处置警务活动中所遇到的复杂局面，确保国家整体利益与公安工作总体目标的实现。

（二）情理统一

公安民警作为执法力量，在警务活动中，必须以事实为依据，以法律为准绳，正确理解法律、恰当运用法律、严格执行法律，这是对公安民警最为基本的要求。同时，立足我国的基本国情、针对我国发展的阶段性特征，切实提高警务工作实效性，保证社会的稳定，促进社会的和谐发展，公安民警在警务活动中，还必须坚持法理、情的统一，做到以法为据，以理服人，以情感人。2008 年，江苏省公安机关认真分析警务活动中存在的具体问题，了解人民群众对于公安民警执法活动的意见与要求，总结并推广“说理执法”经验，即在执法过程中坚持执法与普法，处罚与教育、管理与服务的有机结合，讲清事理、法理、情理，化法为理、化法为情，有效调控当事人的心理，化解当事人的不良情绪，努力实现法律效果、社会效果、政治效果的有机统一。广大公安民警结合自身的实际工作，提炼出联动式、情景式、比较式、会诊式、算账式和听证式等说理调解执法方式，明显提高了办案质量，促进了社会矛盾化解，提高了人民群众的满意度。

三、警容严整、言行文明

（一）警容严整

警容是指公安民警着装、仪容、举止等状态，是公安民警政治素质、文明程度、精神风貌、纪律作风的综合反映与外在表现。严谨端庄的警容能够提高人民警察在人民群众中的形象和威望，有助于约束与规范公安民警的职业行为，增强公安民警的执法权威，赢得人民群众的支持，提升公安队伍的战斗力。因此，公安机关始终要求公安民警必须保持警容严整，并将之作为公安队伍正规化建设的重要内容，先后制定了《人民警察警容风纪管理办法》、《人民警察警容风纪管理和纠察办法》、《公安机关人民警察着装管理规定》等规章制度。2000 年颁布的《公安机关人民警察内务条令》第四章专门规定了“警容风纪”。警容严整的内容及要求具体体现在如下几个方面：

1. 着装规范。公安民警在除不宜或者不需要着装的情形外，在工作时间必须着警服，且应配套穿着警服，不得不同制式的警服混穿，也不能将警服与便服混穿。公安民警着装时，应当规范缀钉、佩戴警衔标志、警号、胸徽、帽徽、领花、臂章等，不得佩带其他与人民警察身份或者执行公务无关的标志。

2. 仪表整洁。公安民警应当爱护和妥善保管警服、警衔标志、警号、胸徽、帽徽、领花、臂章等，保持上述警用品的干净整洁；非特殊任务需要，不得染彩发，男性公安民警不得留长发、大鬓角、卷发、剃光头或者蓄胡须，女性公安民警发辫不得过肩；不得文身，不得染指甲、留长指甲，不得化浓妆。着装时不得披衣、敞怀、挽袖、卷裤腿、穿拖鞋等。

（二）言行文明

公安民警不仅应警容严整，而且应举止端庄、谈吐文明、礼貌待人。如果说警容严整是对公安民警静态形象的要求，那么言行文明则是对公安民警动态形象的要求。言行文明同样反映了公安民警的内在素质，决定着公安民警在公众心目中的形象，关系到公安队伍精神状态的提升与战斗力的提高。言行文明的内容及要求具体表现在如下几个方面：

1. 举止端庄。公安民警着警服或者执行公务时，不得边走边吃东西、扇扇子；不得在公共场所或者其他禁止吸烟的场所吸烟；不得背手、袖手、插兜、搭肩、挽臂、揽腰；不得嬉笑打闹、高声喧哗；不得席地坐卧。公安民警不得酗酒、赌博和打架斗殴；公安民警不得参加宗教、迷信活动。两名以上公安民警着装徒步巡逻执勤或者外出时，应当两人成行、三人成列，威严有序。同时，公安民警必须遵守公共秩序和交通规则，遵守社会公德。

2. 语言文明。公安民警在警务活动时，应使用文明用语；坚持晓之以理，动之以情，不强词夺理，不恶语伤人；不冷嘲热讽，不傲慢无礼；不说脏话、粗话，不说大话、空话。

3. 礼貌待人。公安民警在警务活动中，对待人民群众应主动热情，不端架子，不耍威风。对人民群众提出的诉求，不刁难、不搪塞，不推诿；坚决克服“冷、硬、横”的“职业病”。尊老爱幼、尊重妇女，尊重群众的风俗习惯。

三、有理有节、谦虚平和

（一）有理有节

“有理有节”是我国自古崇尚的道德规范。《嵇康集·与区巨源绝交书》中说：“外不殊俗，内不失正”。《格言联璧·学问》指出：“接人要和中有介，处事要精中有果，论理要正中有通”。毛泽东同志在总结同国民党顽固派作斗争经验的基础上，更是明确提出了著名的“有理有利有节”原则。其中，“有理”即人不犯我，我不犯人，人若犯我，我必犯人。这就是说，决不可无故进攻人家，也决不可在被人家攻击时不予还击。“有节”即有节制，在战争告一段落，敌人没有采取新的进攻之前，自己做到不恋战，适可而止。

毛泽东同志指出的“有理有利有节”原则是针对军事作战的，但其内含的精神理念，同样适应今天的警务活动，成为公安民警职业行为规范。具体要求公安民警做到如下几点：

1. 处警有据。公安民警应进一步强化法治意识、政策意识；严格按照法律法规与相关政策处理各种警务活动，做到出警有名，处事有据；在具体的执法活动中，必须做到证据确凿，适用法律，符合法定程序。

2. 不卑不亢。公安民警在警务活动中，无论遇到什么样的复杂情况，无论遇到多么大的阻力，都应始终做到威武不屈、富贵不淫，贫贱不移，自觉抵制权力、关系、人情、利益、刁难等各种因素的影响和干扰，坚持正义，有警必处，有恶必除，注重气节，不卑不亢。

3. 宽严相济。公安民警在刑事执法活动中，要认真贯彻执行宽严相济的刑事政策。当严则严，当宽则宽。一方面，应毫不动摇地坚持严打方针，依法严厉打击严重暴力犯罪活动和罪行严重的犯罪分子。另一方面，要把打击与预防、惩治与挽救有机结合起来，对主观恶意小、犯罪情节轻微、社会危害性不大的初犯、偶犯、未成年犯和老年犯等，依法从轻处理，化消极因素为积极因素。

（二）谦虚平和

公安民警作为国家的重要执法力量，在警务活动中不仅应显现阳刚之气，彰显法律的威严与权威，而且应虚心谦恭，平和友善。谦虚平和是公安民警自信、文明的重要体现。公安民警实践谦虚平和的道德规范应做到：

1. 虚心纳谏。公安民警应正确认识自我，切实听取他人的意见，自觉接受群众的批评与建议。切实学习他人的长处，弥补自己的短处，力戒妄自尊大、目中无人、居功自傲。

2. 追求和谐。公安民警应在警务活动中以平等、谦和的态度对待人民群众，以和谐的理念、和谐的精神、和谐的方式解决人民群众的诉求。保持良好的执法心态，不急不躁，以柔克刚。

四、言行一致、诚实守信

公安机关及其人民警察是人民民主专政的工具，公安民警手中所掌握的权力来自于人民，由人民赋予，这决定了公安民警的诚信问题不仅是伦理问题，而且是政治信用问题。因此，公安民警必须做到言行一致，诚实守信，这将直接关系到社会信任、信仰与社会稳定。

公安民警切实实践言行一致、诚实守信这一职业道德规范，必须努力达到如下几点要求：

（一）表里如一

俗话说得好："喊破嗓子，不如做出样子。"公安民警要得到群众的信任和支持，不是靠手中的执法权力，而要靠自身的工作实绩、作风和人格魅力。因此，公安民警必须心底无私，努力做到"两个如一"。一是"讲的"和"想的"如一。凡是自己向群众宣传的道理，提出的要求，自己要作为一种信仰来追求，内心坚信不疑；自己表示要反对的行为，首先自己要从思想上明辨是非，决不能口是心非。二是"外在"与"内在"如一。公安民警要赢得人民群众的信任和支持，不仅注重外在形象的树立，更加注重内在的修养。

（二）言行一致

孔子说："始吾于人也，听其言而信其行；今吾人也，听其言而观其行"。[①] 人民群众总是从公安民警的一言一行来评价公安工作与公安民警的。因此，公安民警必须自觉"立言"和"立行"，做到"二个一致"：一是把"讲的"和"做的"一致起来。凡是自己讲到的，应当在行为中体现出来；二是把要求自己的与要求别人的一致起来。要求别人做到的，自己首先做到，要求别人不做的，自己首先要不做。唯有言行一致，才能够真正赢得他人的理解

① 《论语·公冶长第五》

与尊敬，才能够取得他人的信任与支持。

（三）言必行，行必果

公安民警代表国家行使执法权力，公安民警在职业活动中，向人民群众所做出的任何一个承诺，均不仅仅代表自己的意愿，而且在一定的意义上表达了公安机关的一份誓言。因此，公安民警必须谨言慎行，在没有把握的情况下，决不轻言承诺，而一旦做出承诺，就必须将之作为一份责任和必须达成的目标，竭尽全力兑现自己的诺言。

第七章 严守纪律

纪律是为维护集体利益并保证工作顺利进行而要求组织成员必须遵守的规章，是调节组织成员行为的强制性规范。严明的纪律是公安民警正确履行职责的重要保证，是提升公安队伍战斗力的重要源泉，是提高公安民警精神文明素质的重要条件。因此，公安民警必须严格遵守纪律，而严守纪律也必然成为公安民警必须践行的职业道德规范。

第一节 严守纪律的主要内容

公安机关人民警察的纪律是公安机关为了正确履行党和国家赋予的职责、保证各项警务工作任务的完成而制定的，要求公安民警在政治、思想、工作和生活等方面必须遵守的行为准则。严守纪律则是指公安民警必须严格按照公安机关所制定的纪律行事，其包括遵章守纪，保守秘密，令行禁止等三个方面的内容及要求。

一、遵章守纪

遵章守纪，即遵守规章制度与纪律。规章制度是组织内要求所有人员共同遵守的规则、章程和制度的总称，其常被理解为组织内部的法规。依据不同的标准，可划分为不同的种类。如按照约束力和适用范围等划分，规章制度可以分为行政法规、章程、制度、公约四大类。按照性质不同，规章制度可划分三大类，“一是责任性规章制度。即明确部门和员工的岗位职责、权利义务和工作任务、目标等。二是程序性规章制度。即规定组织的各个部门、环节、岗位的工作的操作步骤、方法和标准等。三是激励性规章制度。即明确奖惩标准，对部门和员工的工作进行评价和约束”①。

公安部和地方各级公安机关为确保各项公安工作任务的顺利完成，确保警务工作的秩序与工作效率，确保公安队伍建设与发展，根据警务工作的性质和特点，适应公安队伍建设与内务管理的要求，制定了一系列的规章制度，如《中华人民共和国人民警察使用警械和武器条例》、《公安机关人民警察内务条令》、《公安机关人民警察纪律条令》、《公安机关人民警察奖励条令》、《公安机关办理刑事案件程序规定》、《公安机关执法细则》、《公安机关人民警察抚恤办法》等，既有责任性规章制度、程序性规章，也有激励性规章制度。

公安民警遵章守纪就是要在全面了解和把握公安机关制定的各项规章制度内容的基础上，切实按照各类规章制度的具体要求约束与调节自己的行为，全面落实政治纪律、工作纪律、组织纪律、群众纪律、财经纪律、保密纪律的各项具体规定，把各种规章与纪律要求变成自己的实际行动。

二、保守秘密

所谓秘密是与公开相对而言的，是个人或集团在一定的时间和范围内，为保护自身的安全和利益，需要加以隐蔽、保护、限制、不让外界客体知悉的事项的总称。构成秘密的基本要素有三点：一是隐蔽性；二是莫测性；三是时间性。秘密可分为国家秘密、组织秘密和个人秘密等。国家秘密是指关系国家的安全和利益，依照法定程序确定，在一定时间内只限一定范围的人员知悉的事项，按照保密要求的程度高低可分为绝密、机密和秘密。组织秘密是特定组织在一定的时间和范围内，为保护自身安全和利益，需要特别加以保护，不让外界知道的事项。个人秘密也被称为隐私，隐私是一种

① 邢艳利：《略谈规章制度建设》，《理论导刊》2005 年第 9 期。

与公共利益、群体利益无关，当事人不愿他人知道或他人不便知道的个人信息。保守秘密通常是指保守国家与组织秘密。而作为公安民警职业道德规范，保守秘密要求公安民警必须做到如下几个方面：

（一）不断增强保密意识

秘密关系到国家、组织重大利益与安全。公安机关是政府的重要部门，涉及国家机密较多；公安机关自身的性质与任务决定其较之于一般社会组织，有更多的信息、事项在一定的时间和范围内不能让他人掌握，这在客观上要求公安民警必须有突出的保密意识。随着我国改革开放的深入和社会主义市场经济的进一步发展，保密与窃密的斗争变得更为复杂、尖锐，特别是近几年来公安机关逐步实现办公自动化，公安工作基本实现信息化、网络化，公安保密工作无论从形式到内容都面临着许多新情况新问题。在这种情况下，公安民警更需增强保密意识，坚决克服“天下太平，无密可保”、“科技发达，有密难保”、“信息公开，无密需保”等错误麻痹思想，杜绝产生在日常生活、信息传递、工作交往、新闻报道等工作中，泄露国家秘密和公安机关警务工作秘密的情况。

（二）严格遵守保密制度

在长期的反窃密工作中，党和政府，尤其是公安机关积累了丰富的经验，并予以科学总结，制定出了多项具体的保密法律、法规与规章，如《中华人民共和国保守国家秘密法》、《人民警察保密守则》等，在《公安机关人民警察内务条令》、《公安机关人民警察纪律条令》等公安机关颁发实施的其他规章中，也提出了对公安民警保守秘密的要求。公安民警必须严格遵守执行这些制度要求，切实做到不该说的秘密不说，不该知悉的秘密不问，不该看的秘密不看，不在私人交往或公开发表的作品中涉及秘密，不在非保密场所阅办、谈论秘密，不擅自记录、复制、拍摄、摘抄、收藏秘密，不擅自携带秘密载体去公共场所或探亲访友，不使用无保密措施的通信设备、普通邮政和计算机互联网络传递秘密。

三、令行禁止

所谓令行禁止，即下令行动就立即行动，下令停止就立即停止。指法令严正，纪律严明，执行认真。《管子·立政》中说：“令则行，禁则止，宪之所及，俗之所破。如百体之从心，政之所期也”。对于公安机关来说，令行禁止就是要求公安民警做到有令则行、有禁则止。这是公安民警执法气质和纪律作风的体现，也是公安职业特点的必然要求，是公安队伍区别于其他行政机关人员队伍的一个显著特点。作为公安民警职业道德规范，令行禁止的具体内容及要求包括如下几点：

（一）服从命令

命令是上级对下级下达的权威性指示。服从命令就是下级公安民警必须严肃、认真地执行上级所下达的指示与决定。

1. 正确理解命令。服从命令并不意味着盲从命令和机械地执行命令，公安民警在接到上级的命令之后，应认真地分析命令的本质内容，准确理解命令的精神和具体要求，正确分析执行命令的条件、难易程度、具体方式与方法等，以便更准确研究确定执行命令的具体方案，确保上级指示的有效执行。

2. 有令必行。命令作为上级下达的权威性指示，下级公安民警必须坚决执行，不能以个人的任何理由违抗上级命令或拒不执行上级命令。固然上级命令由于种种原因可能出现不符合实际甚至是错误的情况，下级公安民警可以提出意见和建议，但为维护命令的强制性，在上级未改变命令时，下级仍然需要坚决执行命令，不得中止或者改变命令的执行。唯有在执行命令过程中，情况发生重大变化，原命令确实无法继续执行，且来不及或者无法向上级请示变更命令时，下级公安机关方能自行采取措施，完成任务，事后必须及时向上级报告。

3. 有禁必止。有禁必止是对于上级禁止性命令的坚决执行。为强化公安民警作风建设，保证公安工作任务的完成和提高人民群众的满意度，上级对下级需要下达禁止性的指示，对于禁止性的指示，下级公安民警同样必须坚决执行，立即停止相关行为。公安部下发的《公安部关于禁止公安机关经商办企业和公安干警从事经营活动的规定》、《公安部〈关于认真贯彻执行国务院关于禁止在公路上乱设站卡乱罚款乱收费的通知〉》等均属于禁止性批示，对于这些指示，公安民警必须严格执行，否则必将受到相应的惩处。例如，2003 年，公安部下发了《五条禁令》，规定公安民警：严禁违反枪支管理使用规定，违者予以纪律处分；造成严重后果的，予以辞退或者开除；严禁携带枪支饮酒，违者予以辞退；造成严重后果的，予以开除；严禁酒后驾驶机动车，违者予以辞退；造成严重后果的，予以开除；严禁在工作时间饮酒，违者予以纪律处分；造成严重后果的，予以辞退或者开除；严禁参与赌博，违者予以辞退；情节严重的，予以开除。胡锦涛总书记就此作出重要批示："希望言必行，行必果。贵在坚持。"广大公安民警自觉执行此项禁令，但是也有少数民警有禁不止，对此，公安机关毫不手软，予以严肃处理。据深圳晚报报道，自公安部"五条禁令"颁布至 2005 年，公安机关共查处违反"五条禁令"案件 1698 起，涉及民警 2163 人，开除辞退 967 人，追究领导责任 873 人。这正是用实例对于有令必行、有禁必止纪律要求的有力说明。

（二）服从领导

服从领导是指自觉听从各级领导的指挥，达到步调一致，行动统一。服从领导是调节队伍内部上级与下级、个人与集体之间关系的准则。公安机关是一支武装性质的治安行政管理力量和刑事司法力量，相对于其他行政组织而言呈现人数众多、任务复杂、纪律性极强的队伍。为了保证其工作任务的完成，公安机关按照严格的体制编制将民警组织在一起。公安民警依据行政职务和警衔，构成了上级、下级和同级关系。为更好地统一行动，要求公安民警必须服从领导，正确处理组织与个人、上级与下级关系。

1. 个人服从组织。公安民警个人必须无条件服从组织领导，切实贯彻执行党和国家的方针、政策以及公安机关的组织决定，服从组织安排，听从组织指令，按照组织要求去做，杜绝任何把自己凌驾于组织之上的行为。当个人利益与国家、组织利益发生矛盾和冲突时，自觉放弃对自己利益的追求，一切以保证国家、组织利益实现为目标。

2. 被领导者服从领导者。公安机关上级与下级的关系，往往直接表现为领导者与被领导者的关系。由于领导者受组织委托直接代表组织履行对被领导者的指挥职能，因此，公安民警服从领导，不仅表现为下级公安民警服从上级组织的领导，而且表现为以被领导者的身份服从领导者的领导。对于领导者所下达的命令，被领导者也必须切实贯彻执行，不得自行其是。对于领导者所下达的指令有不同的意见，可以向组织和领导者提出意见，但如果组织未下达更改领导者的指示，被领导者就必须执行领导者的指令。

第二节 严守纪律的基本依据

一、严守纪律是由公安机关及公安民警的性质所决定的

《公安机关组织管理条例》第二条明确规定：公安机关是人民民主专政的重要工具，人民警察是武装性质的国家治安行政力量和刑事司法力量。公安机关及其人民警察的武装性不仅表现在，公安机关及公安民警拥有国家按统一标准配备的武器、警械、设施，拥有国家法律赋予的依法使用武器、警械的权力，必须建立一套严格的业务培训、考核、与现役军人同样的优抚优待制度；而且必须建立一套如同军队一般的严格的纪律约束及监督制度，并确保公安民警严格遵守这些纪律约束制度。人们常说公安机关不同于一般的国家行政机关，公安民警不同于一般的公务员，这个不同就突出在表现在因公安机关及公安民警所具有的“武装性”和“纪律性”，而使其成为在使用装备、职责任务、组织管理、勤务方式等方面具有

显明准军事特点的“纪律部队”。换句话说，拥有严格的纪律要求、突出严守纪律正是公安机关及其公安民警的最为显著的特征。

二、严守纪律是公安机关执行党和国家路线方针政策的重要保证

坚持党的绝对领导，坚定不移地贯彻党和国家的路线、方针、政策，是公安机关和公安民警必须遵循的公安工作的根本原则。党和国家所制定的路线方针与政策能否在公安机关得以切实贯彻落实，与公安民警能否严守纪律有着密切的关系。如果公安民警没有牢固的纪律意识，特别是没有牢固的政治纪律意识，各自为政，各行其是，党和国家所制定的公安工作路线、方针、政策就会变成一纸空文。唯有公安民警切实做到严守纪律，党和国家所制定的公安工作、方针、政策才能真正得以贯彻执行。毛泽东同志指出：“纪律是执行路线的保证，没有纪律，党就无法率领群众和军队进行胜利的斗争。”① 邓小平强调：“共产党员一定要严格遵守党的纪律。无论是不是党员，都要遵守国家的法律，对于共产党员来说，党的纪律里就包括这一条。遵守纪律的最高标准，是真正维护和坚决执行党的政策，国家的政策。”② 胡锦涛在党的十七大报告中也明确指出：“全党同志要坚决维护党的集中统一，自觉遵守党的政治纪律，始终同党中央保持一致，坚决维护中央权威，切实保证政令畅通。”这些论述都是对严守纪律是执行党和国家路线方针政策的重要保证的明确而科学的阐释。

三、严守纪律是提高公安队伍战斗力，完成公安工作任务的重要途径

公安机关及其公安民警担负着依法预防、制止和惩治违法犯罪

① 《毛泽东著作专题摘编》（下），中央文献出版社 2003 年版，第 2015 页。
②《邓小平文选》第 3 卷，人民出版社 1993 年版，第 112 页。

活动，保护人民、服务经济社会发展、维护国家安全，维护社会治安秩序的职责。公安机关要完成这重大而神圣的使命，在客观上要求公安机关通过严守纪律来实现。

首先，完成公安工作任务需要明确的组织目标与工作目标，纪律本身具有的目标导向功能促进了公安民警对于组织目标与工作目标的把握。所谓纪律的目标导向功能“是指纪律规范有利于组织目标实现的引导性，它的实质是揭示纪律与目标的内在联系”[①]。公安机关的纪律本身就是公安机关为完成工作任务而制定的公安民警必须遵守的行为规范，它在一定意义上是通过规定公安民警的权利与义务及违反规范所应承担的责任的方式来调控人们的行为。公安机关纪律本身就与组织目标实现有着密切的联系，而且调控在一定意义上就是引导，它通过权利与义务的规定，及不遵守规定所应承担的责任，告知公安民警什么是公安机关的努力方向、目标选择及具体要求。

其次，完成公安工作任务需要公安机关形成强大的战斗力，纪律所具有的协调与整序功能是提升公安机关战斗力的重要手段。公安机关的战斗力的强弱不仅取决于公安民警的数量与质量、精神状态，公安机关的资金与装备，而且取决于公安机关全体公安民警是否有一致的行动和整体合力。纪律作为调整公安民警行为的规范，其存在的必要性就在于制约一切不利于人与人之间关系的协调行为的产生和消除一切不利于整体行动的实现。因此，公安民警严守纪律，能够使全体公安民警在复杂的社会治安形势面前，快速反应，步调一致，团结一心，协同作战，在政令畅通、组织有序、团队和谐、整体有力的态势下完成公安工作任务。正如1858年5月马克思致恩格斯的信中所说的那样：“必须绝对保持党的纪律，否则将一事无成。”毛泽东同志曾经指出：“加强纪律性，革命无不胜”，邓小平同志特别强调：“我们过去革命，就是靠纪律。”以严守纪

① 霍保、张文焕：《论纪律的导向功能》，《空军政治学院学报》1998年第2期。

律促进公安队伍战斗力的提高，保证公安工作任务的完成已经成为公安机关的基本经验。

四、严守纪律是提升公安机关及其公安民警形象的有效举措

公安民警严守纪律既关系到公安民警对人民群众利益的尊重与保护，又展现着公安民警的文明素养与精神风貌，因而能够更好地赢得人民群众的信赖、理解与支持，必然成为提升公安机关及其公安民警形象的有效举措。

首先，严守纪律保护了人民群众的利益，有助于密切警民关系。公安民警严守纪律，不仅能够保障公安机关更好地完成所担负的历史使命，切实保护人民群众生命财产的安全，获得稳定安全的社会环境和良好的社会秩序，使人民群众的利益得到维护，而且能够通过规范公安民警处理与人民群众的关系，避免公安民警对人民群众利益的损害，得到人民群众的认同。公安机关的纪律包含着非常丰富的内容，一般可将其分为政治纪律、组织纪律、工作纪律、群众纪律、财经纪律和保密纪律等。其中工作纪律，特别是群众纪律更多地涉及对公安民警处理与人民群众的关系时的行为规范要求。群众纪律是调整公安民警与人民群众关系的行为准则，内容主要包括：热情为人民群众服务；不搞特权、不谋私利；不刁难、欺压群众；自觉接受群众监督等。公安民警严守这些纪律，就是对人民群众主人翁地位的充分尊重，是人民群众利益的直接维护。

分析影响警民关系的原因，我们可以清楚地看到，公安民警能否严格遵守群众纪律和工作纪律，与警民关系的状况有着十分密切的关系。例如，2008 年黑龙江省公安厅政治部就影响警民关系的因素进行了调查，相当数量的群众认为，一些公安民警执法不严，执法不公，热衷于办关系案、人情案、金钱案，极个别民警甚至违法办案，造成了极其恶劣的影响，严重伤害了人民群众的感情，影响了警民关系。该调查显示：41% 的群众认为民警在执法过程中存在执法不严、执法不公现象；36% 的群众认为公安队伍中存在的突

出问题是服务意识淡薄；24% 的群众认为公安民警执法能力较低；20% 的群众认为部分民警冷、硬、横、推；14% 的群众认为民警执法腐败①。从中可以看出，对于群众纪律与工作纪律有纪不遵、执纪不严，是影响警民关系的重要因素，这也从反面证明了严守纪律是密切警民关系的重要途径。

其次，严守纪律体现着公安民警的文明素养，有助于密切警民关系。公安机关的纪律与公安民警的素质有着十分密切的关系。一是纪律决定素质。公安机关的纪律作为对公安民警言行的约束和制衡，能够培养公安民警的素质，决定公安民警的素质状况。每一位高素质的公安民警都是按照社会与公安工作的要求，通过长期对自身严格约束管理铸就的，如思想品德的修养、文化知识的习得、专业能力的提升、思维能力的开拓等，无一不是如此。二是纪律体现素质。人们对于公安民警素质的状况往往是通过公安民警遵守纪律状况来判断的。有人说：判断一个人素质的高低，一个最直接、最直观、最便捷的途径就是看纪律。公安民警在警务工作中，态度热情，依规办事，依法办案，举止端庄，着装规范，严格按照公安机关纪律要求规范处理各种事物，人们就会充分肯定公安民警的文明素养，产生对公安民警的尊敬与肯定。北京市 80 后交警孟昆玉以其对公安纪律的严格遵守而产生的严格规范的执法行为和热情周到的服务得到人们的高度认可，被评为“北京最帅交警”，并受到了众多群众的高度认可，正说明了这一道理。

第三节　严守纪律的具体要求

一、发扬优良传统，提高执行纪律自觉性

严守纪律是公安民警的天职。公安机关历来重视纪律作风建设，

① 韩宝忠、王鑫、何英华：《关于构建和谐警民关系情况的调查与思考》，《公安研究》2009 年第 2 期。

要求公安民警严守纪律，并将其归结为公安民警职业道德的重要内容。严守纪律业已构成公安队伍建设的优良传统。

早在1940年，中共中央社会部就转发了《晋察冀边区公安局警务公约》，要求“警务人员，抗日当先，拥护政府，保障民权。巩固边区，维护政权，镇压敌探，肃清汉奸。缉匪捕盗，勇敢向前，保护人民，维护治安。友敌分清，是非明辨，奸不漏网，民不含冤。服从命令，忠于抗战，提高警惕，组织必严。奉公守法，不徇情面，严守秘密，意志要坚。斗争学习，不怕困难，团结进步，忠正清廉。严守纪律，革命模范，凡我同志，誓守约言。”同一时期，晋察冀边区政府公安总避还制定了《公安人员守则》，要求公安人员“忠实于革命事业，忠实于抗日民主政权”，“坚实革命立场”、“服从领导”、“严守秘密”等，这些公约守则，既是对警务人员道德要求的全面概括，也是对警务人员严守纪律的明确要求。

解放战争时期，为改造以和平方式接受的国民党旧警察机关工作过的旧警察人员，各地公安机关纷纷制定纪律规章与守则。如1949年北京市公安局颁发了《约法八章》，明确要求接受的旧警察尊重群众利益，不得仗势欺人；严格遵守纪律，服从命令，维护法令；廉洁奉公，不得贪赃舞弊，假公济私；积极忠诚服务，不得消极怠工，阳奉阴违；革除恶习，不得赌博、宿娼等等。上海市公安局制定了《员警奖惩规则》，对不守纪律者明确了惩罚措施。

中华人民共和国成立后，公安机关更加注重纪律建设及严守纪律的要求。1958年第九次全国公安会议通过了《公安人员八大纪律十项注意》，不仅对公安民警应遵守的各项纪律作出明确的规定，而且要求公安民警人人熟知，个个遵行。“文化大革命”时期，公安机关严守纪律的要求被污蔑为“矛头向下整群众”而无法贯彻执行。“文革”结束后，经过拨乱反正对错误思想的纠正，公安机关纪律建设得以加强。1979年公安部召开全国公安局长会议，再次明确要求公安民警遵守执行《公安人员八大纪律十项注意》。进入改革开放新的历史时期，公安机关更加注重纪律建设，强调公安民警严格遵守纪律。出台多个文件规定，内含公安民警必须遵守纪律的要求。1984 年第五次全国公安政治工作会议明确提出了“从严治警”的方针，要求对公安民警严格教育、严格管理、严格训练、严格纪律。1994 年公安部印发了《人民警察职业道德规范》，遵守纪律被明确为公安民警职业道德规范的重要内容之一。1995 年颁布的《人民警察法》则把不得违法乱纪作为公安民警必须遵守的法律要求。之后，《公安机关督察条例》、《公安机关人民警察内务条令》等多部法规与规章，对公安民警必须遵守纪律均提出了具体要求。2010 年监察部、人力资源社会保障部和公安部发布命令，公布实施了《公安机关人民警察纪律条令》，对公安民警违法违纪行为如何处置作出了明确的规定。以规章的形式强调了公安民警必须严守纪律。

建国 60 多年来，正是公安机关重视加强纪律建设，使公安民警队伍不断增强纪律意识与观念，遵纪守纪水平不断提升。但是，我们也必须清醒地看到，伴随着社会的发展，特别是随着社会的转型及经济转轨，一些公安民警遵规执纪的意识有些淡漠，一味强调个人价值的实现与个性的张扬，而忽视了社会价值的达成及组织要求的合理性、必要性。有的公安民警不能正确认识纪律与自由、纪律与民主的关系，忽视甚至否认严守纪律的意义与价值，出现了有纪不遵，执纪不严的现象，在公安机关内部出现了少数“害群之马”。因此，公安民警要切实做到严守纪律，必须首先消除各种错误的思想认识，弘扬公安机关的优良传统，增强严守纪律的自觉性。

二、自觉严格遵守公安机关的各项纪律

（一）全面遵守公安机关的各项纪律

公安机关根据党和国家对公安工作的要求，对公安民警提出了内容丰富的纪律要求，公安民警必须全面遵守。

一是遵守公安机关政治纪律。政治纪律是指公安民警在政治言

论和政治行为方面必须遵守的行为规范，是调整公安民警同党和国家关系的行为准则。胡锦涛总书记指出，遵守党的纪律，首要的就是要遵守党的政治纪律。对于公安民警也是一样，严守纪律，首先要就是要严格遵守政治纪律。公安机关政治纪律主要包括：始终不渝地坚持党的领导，与党中央保持一致，不允许在群众中散布违背党和国家路线方针政策的意见；不得散布有损国家声誉的言论；不得参与非法组织、参加旨在反对国家的集会、游行、示威活动，不得参加罢工；严格遵守宪法和法律等。

二是遵守公安机关组织纪律。组织纪律是调整公安民警个人与集体、个人与组织、个人与领导、组织与组织关系的行为准则。公安民警遵守公安机关的组织纪律，应该做到按照民主集中制原则行事，坚决服从领导、服从命令、服从指挥。

三是遵守公安机关工作纪律。工作纪律是调整公安民警与公安对象之间关系的行为准则。遵守工作纪律，要求公安民警必须做到：坚持实事求是，注重调查研究；不弄虚作假，隐瞒案情；不非法剥夺、限制他人人身自由；不非法搜查他人身体、物品、住所或者场所；不敲诈勒索或者索取、收受贿赂；不殴打他人或者唆使他人打人；不违法实施处罚或者收取费用；不玩忽职守，切实履行法定义务等。

四是遵守公安机关群众纪律。群众纪律是调整公安民警与人民群众关系的行为准则。公安民警遵守公安机关群众纪律必须做到：增强群众观念，全心全意为人民服务，树立群众利益高于一切的思想；尊重和维护人民群众的正当权利与利益，不搞特权，不谋私利；尊重人民群众的宗教信仰、风俗习惯；以平等的态度对待人民群众，不刁难群众、欺压群众；接受人民群众的批评、监督和帮助；同危害人民群众利益的行为作坚决的斗争等。

五是遵守公安机关保密纪律。保密纪律是公安民警必须严格保守党和国家机密以及警务工作机密的行为规范。遵守公安机关保密纪律要求公安民警做到：不随意打听不在自己应知范围的党和国家及公安工作的秘密；不违规携带涉密文件；不泄露党和国家及公安工作秘密等。

此外，公安民警还必须遵守公安机关的外事纪律、财经纪律等。

(二) 自觉、严格遵守公安机关纪律

公安机关纪律具有强制性，其要求公安民警必须严格遵守。公安机关纪律的强制性表现在两个方面：一是公安民警必须无条件地遵守和服从公安纪律；二是在公安机关纪律面前，公安民警人人平等。其要求每一位公安民警都必须严格遵守纪律，把自己的言行严格置于公安机关纪律约束之下，决不允许有不受纪律约束的特殊公安民警。每一位公安民警，不论职务高低、功劳大小，只要违反了公安机关纪律，都要受到公安机关纪律的制裁。

公安机关的纪律具有自觉性，其要求公安民警必须自觉遵守。公安机关纪律的自觉性，是指公安机关纪律是靠公安民警的自觉性来维护的。公安机关纪律集中反映广大人民的利益和全体公安民警的利益，既是公安机关的组织要求，也是对公安民警个人利益的维护。因此，全体公安民警能够自觉地接受公安机关纪律的约束，公安民警也必须充分认识公安机关纪律的意义和价值，自觉遵守公安机关的纪律。

三、加强管理与监督，确保公安机关纪律严格遵守

为确保公安机关纪律的严肃性，帮助公安民警切实做到严守纪律，公安机关必须进一步加强公安队伍的正规化建设，坚持严格管理，切实强化监督。

(一) 严格管理

公安机关实施对公安民警的严格管理，就必须进一步深入推进公安队伍正规化建设，其核心点之一就是进一步健全公安队伍管理的法规规章体系，针对制度体系存在的问题，抓紧开展废、立、改工作，进一步完善与国家公务员制度相衔接、与《人民警察法》

相配套、体现公安机关特点的公安民警管理制度，并将这些管理制度从工作制度、考核制度、训练制度、奖惩制度、内务管理制度、廉政制度、保密制度等方面进一步细化，增强其可操作性，并加强日常管理，不仅使公安民警能够做到守纪有章可循，而且使公安民警能够知道纪律如何严守，在完善可操作的制度规范与约束下形成严守纪律的行为习惯。

（二）强化监督

纪律的遵守需要公安民警的自觉，也同样需要组织施予的强制力约束。因此公安机关必须充分发挥业已建立的党的监督、行政监督、群众监督、舆论监督与公安机关内部监督机制的作用，并以创新的思维进一步完善执法监督制约机制，把执法监督与队伍管理更加紧密地结合起来，实现执法监督与队伍管理的有效对接，实现执法办案系统与人事管理系统有效衔接。积极推行警务公开，对与人民群众切身利益密切相关的管理事项，要拓宽公开渠道和范围，自觉接受社会各界和人民群众的监督。要充分利用信息化手段，抓紧建立以电子警务为手段的行政审批过程监控机制，进一步提升公安监督工作的效能和水平。在强化监督的基础上，对违反公安纪律的行为和公安民警，依照《公安机关人民警察纪律条令》等规章与制度严格查处，警示公安民警严格遵守公安机关纪律。

第八章　爱岗敬业

爱岗敬业作为最基本的职业道德规范，是对人们工作态度的一种普遍要求。爱岗敬业是人类社会最为普遍的奉献精神，它看似平凡，实则伟大。因此，《公安机关人民警察职业道德规范》同样将其明确为公安民警必须遵守的职业道德规范及要求。

第一节　爱岗敬业的主要内容

爱岗敬业是指热爱自己的工作岗位，并恭敬严肃地对待自己所承担职责任务的一种工作态度，以及持之以恒、精益求精的工作精神。爱岗敬业是中华民族的传统美德。《论语》记载，子路请教老师怎样才能算是一个君子，孔子说："修己以敬。"① 就是说，只有修养好自己，而又能敬重他人、敬重自己所从事的事业的人，才是君子。子张请教老师君子怎样才能行得通，孔子告诉他两句话：一句是"言忠信"，就是说话要忠诚，讲信誉；一句是"行笃敬"，就是做事要厚道，能敬业。"敬业"一词出自《礼记·学记》，原意是对学生"一年视离经辨意，三年视敬业乐群"。据《孙希旦集解引记》引朱熹语："敬业者，专心致志从事其业也；乐群者，乐于取益以辅其仁也。"其中，敬业就是要求人们用一种恭敬严肃的态度对待自己的工作，认真负责，一心一意，任劳任怨，精益求精。在努力加快社会主义现代化建设，推进社会发展进步的今天，人们更加注重爱岗敬业。2001 年中共中央颁发的《公民道德建设

① 《论语．宪问》

实施纲要》，明确将爱岗敬业归结为人们必须遵守的职业行为规范。

《公安机关人民警察职业道德规范》将爱岗敬业列为公安民警必须遵守的行为规范，其主要内容及要求是恪尽职守，勤学善思，精益求精。

一、恪尽职守

恪尽职守是指谨慎、认真、全力做好本职工作。《孙子兵法·谋攻篇》中说“夫将者，国之辅也，辅周则国必强，辅隙则国必弱”。所谓“辅周”，就是恪尽职守，不辱使命的含义。对于公安民警来说，恪尽职守就是要求公安民警应勤于警务，其核心内容及要求是忠于职守、勤勉尽责。

（一）忠于职守

忠于职守是指公安民警忠诚地对待自己的公安工作职业岗位。

首先，忠于职守表现为公安民警敬畏自己所从事的公安工作。孔子说：“君子有三畏：畏天命，畏大人，畏圣人之言。”[①] 这里的“畏”，就是敬畏。敬畏之情，是人内心中对某种事物的一种崇敬和神圣的情感。公安民警有了对自己工作岗位的敬畏之情，便能认真对待自己的工作，自觉严格地要求自己去履行岗位职责。否则就会变得浮躁、懈怠、消极，甚至玩忽职守。

其次，忠于职守表现为公安民警忠诚于自己所从事的公安工作。敬畏自己的工作岗位往往表现为公安民警坚守自己的工作岗位，而忠于自己的工作岗位是较之于坚守岗位更高的职业精神与境界，它是基于公安民警对于自身工作岗位的充分认识与了解，基于对自身工作岗位意义和价值的理解与认同，表现为公安民警对于所在岗位的热爱。正是有了对于岗位的忠诚与热爱，促使公安民警对于工作投入无限激情，付出不懈努力，做到一丝不苟，追求精益求

① 《论语·季氏》

精。忠于工作岗位反映了公安民警自觉的职业责任感，是一种高尚的职业道德情操。

（二）勤勉尽责

勤勉尽责是指公安民警积极从警务政，并对本职工作认真负责的工作态度与行为状态。

首先，勤勉尽责表现为公安民警积极主动履行岗位职责。勤政是德政之基，善政之要，执政之魂。晋成公绥在《贤明颂》中说："王用勤政，万国以虔。"清代李文耕给后人留下一句名言："官不勤则事废"。公安民警只有积极主动地履行岗位职责，才能够不负人民群众对公安工作的新期待，完成公安工作任务，确保一方平安。公安民警要勤勉履责，就应该做到"脑勤、眼勤、腿勤、手勤"，即勤于学习，努力掌握履行岗位责任需要的理论、知识、经验与技能；认真研究思考工作中的重点、难点、规律及对策；深入基层了解群众具体要求与期待，问情于民、问意于民、问计于民、决策于民；真抓实干，切实落实各项具体工作任务，不断提高执行力。

其次，勤勉尽责表现为公安民警以高度负责的态度尽心履行岗位职责。职业不仅是人们谋生的手段，而且是人们作为特定的社会成员所承担的一份社会责任。以高度负责的精神努力做好本职工作是每个社会成员应尽的一种道德义务。一位优秀的公安民警不仅应该能够胜任岗位职责的要求，更应该竭尽全力地履行岗位职责。公安民警尽职尽责表现在三个方面：一是对待工作高度负责，即能够克服一切困难去履行职责；二是不负使命，即以积极主动的态度努力完成好公安工作；三是鞠躬尽瘁，即全身心地投入到本职工作中，为完成本职工作竭尽全力，呕心沥血。

二、勤学善思

顾名思义，勤学善思即勤于学习、善于思考。荀子说："学者非必为仕，而仕者必如学"；英国哲学家培根讲："读书可以增长才干，只有学识渊博的人才能通观全局，得以担当重任”；孔子说：“学而不思则罔，思而不学则殆”；爱默生讲：“思考是行为的种子”；爱迪生则说：“一个人年轻的时候，不会思索，他将一事无成”。现代人们已经形成共识：勤学善思是文明传承之途、国家兴盛之要，是世界上所有优秀民族自立自强的优良传统；勤学善思是修身之道、成事之本，是每一位成功人士成就事业的坚实根基。在科学技术迅猛发展，知识经济已见端倪的时代，公安民警要想促进自身的发展，特别是要优质高效地完成本职工作，更需要做到勤学善思。

（一）勤学

勤学，不仅指勤奋学习，而且指自觉学习、善于学习。

首先，公安民警应自觉学习，即公安民警应在充分认识学习必要性与重要性的基础上，积极主动地学习。正如孟建柱部长所说：“我们一定要牢固树立长期学习、终身学习的理念，努力养成勤于学习、自觉学习的习惯，真正把学习当做一种政治责任、一种精神追求、一种人生态度、一种生活常态。”①

其次，公安民警应勤奋学习。学习是一件严肃而艰苦的任务，公安民警应保持强烈旺盛的学习欲望，努力克服内在的惰性，妥善处理工学矛盾，以时不我待、只争朝夕的紧迫感去抓紧学习，以如饥似渴、孜孜以求、勤学不倦的精神去努力学习。

最后，公安民警应善于学习。《礼记·中庸》中讲，“博学之，审问之，慎思之，明辨之，笃行之”。这对于公安民警做到善于学习提供了科学的指导。博学，就是努力学习各种有益的知识，不断充实和完善自己的知识结构；审问，就是带着问题学习，弄清原委，不达到通晓明了不能终止；慎思，就是将学习与思考结合起来，切实明确其中的道理，不达到悟出真谛不能终止；明辨，就是通过学习，分清是非、善恶、美丑，知晓前行的方向，不达到分辨

① 孟建柱：《学习的进步是一切进步的先导》，《党建》2011年第2期。

明白不能终止；笃行，就是学习与实践相结合，不囿于书斋，不作书蠹，不隐遁于世外，不达到所学可以致用不能终止。

（二）善思

善思主要包括勤于思考与善于思考两个方面。

第一，公安民警应勤于思考。思路决定出路，智慧源于思考。历史证明，人类社会一切伟大的成果都是经过反复思考、探索、实践而完成的。爱因斯坦说："学习知识需要思考、思考、再思考，我就是靠这个学习方法成为科学家的。"① 牛顿说，发现万有引力，"并没有什么方法，只是对于一件事情作长时间的思考罢了。"② 当前，公安民警面临着十分复杂的社会治安形势，承担着繁重的警务工作任务，遇到无数难以处置的问题，客观上要求公安民警必须不断地追问，不断地思索，不断地探寻，也就是说必须勤于思考。

第二，公安民警应善于思考。一是应该站在全局高度去思考。不谋全局者，不足以谋一域。只有以世界眼光和战略思维，站在社会长远发展和公安事业的全局的高度去想问题、看问题，才能思得深、看得透。二是应该围绕热点、重点、难点问题去思考，唯有如此，才能抓住事物的关键，解决急需解决的问题。三是应该结合本职工作实际去思考。唯有如此，才能有的放矢，真正找到解决问题的方法，保证各项措施的贯彻落实。四是应该以创新性思维去思考。唯有不断解放思想，与时俱进，不囿于经典，不拘泥经验，才能找到解决问题的新方法，更好地回应时代的要求与人民群众的新期望。

三、精益求精。

《论语·学而》中有："《诗》云：'如切如磋，如琢如磨。'其斯之谓与？"朱熹注解说："言治骨角者，既切之而复磋之；治

---

① 转引自王培佐：《做个善于思考的人》，《当代广西》，2005 年第 6 期。

② 同上。

玉石者，既琢之而复磨之，治之已精，而益求其精也。”这便是精益求精一词的出处。对于这一词汇我们可以理解为指对事物完美性的要求，也是对行为结果达到卓越目标的执著追求。

作为公安民警职业道德规范，精益求精包括两个方面的内涵及要求：业精技强、优质高效。

（一）业精技强

公安民警为更好地履行岗位职责，完成公安工作任务，必须精通业务，拥有高强的处警能力。因此，公安民警应立足本职工作，全面了解公安本职工作的实际需要，了解和认识本职工作的特点、难点与重点，掌握本职工作中所呈现出的规律，具备胜任本职工作所需要的素质、知识与技能。当前公安民警面对时代的发展及人民群众的新要求，特别需要掌握高超的分析与处理问题的能力。对此，孟建柱部长特别强调公安民警应着力提高五种能力即：继承发扬党的优良作风，着力提高群众工作能力；大力加强执法规范化建设，着力提高执法能力；深入推进信息化建设，着力提高实战能力；妥善处置各类重大突发事件，着力提高驾驭复杂局势能力；树立现代传播理念，着力提高与社会公众沟通能力。[①]

（二）优质高效

对待工作精益求精，还蕴涵着对工作质量的严格要求。随着时代的发展和社会的进步，人民群众对于公安工作的水平与质量提出了越来越高的要求。这在客观上需要公安民警不仅注重提高自身的素质与能力，而且需要公安民警注重提高工作的质量与效率。尽管近年来公安民警为确保一方平安，竭尽全力，特别是在奥运安保、世博安保等重大活动中，出色地完成了各项任务，做到万无一失，得到举世公认。但是，公安工作在效率与效益等方面依然存在着这样那样的问题，公安民警依然需要以“没有最好、只有更好”的

---

① 孟建柱：《着力强化五个能力建设　全面提升维护稳定水平》，《求是》2009年12月1日。

心态，以不断追求卓越的精神，去更新工作理念、完善工作机制、创新工作方法、提高工作效率、提升工作水平。

第二节　爱岗敬业的基本依据

爱岗敬业之所以得到社会的普遍认同与推崇，并被公安机关确定为公安民警应当履行的职业道德规范，其根据在于其所蕴涵的道德价值与社会价值。

一、爱岗敬业是公安民警高尚职业精神与境界的体现

在现实生活中，不同的公安民警对于所从事的职业有着不同的理解和不同的态度。有的民警把从警作为谋生的手段，其更看重从事公安工作给自己带来的生活保障，而并未对警察职业特殊价值形成清楚的认识，因此这些民警就岗不一定爱岗；有的民警把从警当作显示权威、彰显阳刚之气的机会，他们看到了公安民警所拥有的职权及打击犯罪、保护人民而得到的社会肯定与褒扬，而未更多地理解作为人民警察的使命与责任，因此这些民警爱岗不一定尽责。凡此种种对待职业的看法与态度，均未全面理解警察职业所包含的权责利统一，缺乏对责任的充分认识，难以全力以赴地做好本职工作，遇到困难、挫折，或遇其他职业优厚条件的吸引，便可以舍弃警察职业。

而爱岗敬业的公安民警则不同，其充分认识了公安工作的意义与价值，全面理解了工作岗位所内含的权、责、利，不仅对所从事的工作抱有敬畏之心、热爱之情，而且愿意将之当作一种事业执著追求，为了完成工作任务，甘于千辛万苦，愿意竭尽全力，踏踏实实、兢兢业业，追求卓越，精益求精，作为一种职业精神与境界，显然高于前者，从而被古今中外人们所肯定与褒扬。《后出师表》中一句“鞠躬尽瘁，死而后已”成为世代名言，“精医道扁鹊回春”成为千古佳话。邱娥国、任长霞等一个又一个公安英模恪尽

职守的先进事迹得到了人们的广泛赞扬。

二、爱岗敬业是圆满完成公安工作任务的重要保障

巨大的力量来自于真诚的爱，强大的公安队伍战斗力来自于公安民警对于公安职业的高度忠诚。公安民警树立爱岗敬业的职业精神，就是强化公安民警对于公安工作的热忱与忠诚，就能够焕发出公安民警强烈的事业心与责任感，从而保证公安工作的圆满完成。

当前，影响社会治安的境内因素与境外因素互相影响的关联性更加明显；传统安全因素与非传统安全因素相互交织的复杂性更加突出；“虚拟社会”与现实社会相互作用的互动性更加显著；人民群众对于公安机关严格执法、维护社会稳定要求不断提高；公安民警承担的职责任务极其繁重，公安机关警力明显不足。在这种情况下，更需要公安民警树立爱岗敬业的职业精神，凭借公安民警对本职工作的无限热爱所激发的百倍干劲，凭借公安民警勤学善思所习得的聪明智慧，凭借公安民警精益求精所炼就的高超技能，积极应对挑战，创造出非凡的业绩，保证公安工作的圆满完成。

三、爱岗敬业是公安民警实现个人价值的基本方式

人的价值，是指一个人对社会、集体、他人和自身的意义、作用或影响。人的价值可分为人的社会价值和个人价值。人的社会价值是以个人为主体、社会为客体、个人对社会的作用和意义，主要是指一个人的思想言行对社会发展的作用和意义，即个人对社会需要的满足状况，也就是个人对社会物质需要和精神需要所作的贡献。人的个人价值是指社会对其成员所作贡献的一种肯定或满足，也就是说，是人对自己的有用性，人的行动在实现社会价值时社会对自己需要的满足。

公安民警实现价值，首先表现在实现公安民警的社会价值。而公安民警社会价值的实现程度是以其对公安工作乃至对社会的贡献大小所决定的。爱因斯坦曾说过，一个人的价值，应该看他贡献什

么，而不应看他取得什么。公安民警对公安工作和社会的贡献越多越大，其社会价值就越高。而公安民警切实树立爱岗敬业的精神，就能凭借其对公安工作的忠诚、对达成公安工作任务的执著追求和为之付出的实际努力，充分发挥主观能动性，发挥其全部才智，取得最佳业绩，从而获得最大的社会价值。这就是立足岗位，实现最大的社会价值。

公安民警实现价值，还表现在实现个人价值即自我价值。公安民警的个人价值实现最直接地表现为成就个人的全面发展。因为个人的全面发展是人追求的最高目标。马克思主义经典作家认为，所谓人的全面发展，即指人的体力和智力的充分、自由、和谐的发展。而公安民警个人的全面发展，需要依靠发达的生产力提供的物质条件，需要完善的社会制度提供保障，需要优质的教育提供帮助，更需要通过公安民警爱岗敬业提供实现路径。公安民警以爱岗敬业的职业精神和态度认真履职的过程，就是公安民警通过勤学善思，不断提高自己的知识素质和理论水平的过程；就是公安民警通过学习和岗位实践，不断提升自己的警务技能与处事能力的过程；就是通过勤奋工作，不断提升自己的精神境界与高尚情操的过程；就是通过对困难的努力克服，不断强化自己的心理素质和坚强意志的过程；就是通过对优质高效工作业绩的追求，不断提升自己的改革精神与创新能力的过程。

胡锦涛总书记在第十六届中纪委第二次全体会议上的讲话中强调："各级领导干部都要为党的事业和人民的幸福而不懈奋斗，在这一奋斗过程中来正确实现个人价值。"这一论述深刻阐明了党的事业和个人价值的关系，为当代共产党人确立并实现正确的价值观、奋斗观指明了方向。公安民警也要为公安事业尽心尽力，并在这一奋斗过程来全面实现个人价值。

四、爱岗敬业是公安民警推进社会发展与进步的重要路径

公安民警认真实践爱岗敬业的职业道德要求，不仅有利于促进

公安工作任务的圆满完成，而且有助于推进社会发展与进步。

首先，公安民警爱岗敬业有助于推动社会的分工与协作，从而促进社会的发展。分工是社会发展到一定阶段产生的，又对社会发展产生着重要的作用，现代社会的有序高效发展必须建立在分工的基础上，依赖于因分工而形成的各种职业从业人员的专业化的工作和各职业之间的密切协作。有学者指出：“现代社会分工越来越细，职业联系越来越密切。在这个社会机体中，哪一个行业、哪一个环节出了问题，都会影响社会的正常运转。”① 警察机关是由社会分工而产生的一个重要部门，是社会众多行业中一个十分重要的行业。公安民警切实践行爱岗敬业道德要求，有助于提高警察专业化水平，并保证公安机关作为行业的正常运转，从而保障社会的分工秩序，促进社会的发展。

其次，公安民警爱岗敬业，保证社会发展依靠条件的存续与安全，从而促进社会的发展。我国经济社会的发展与社会的进步，离不开中国共产党的领导，离不开社会的稳定，离不开人民群众的安宁。而公安民警切实践行爱岗敬业的道德要求，顽强拼搏、不惜牺牲去履行所承担的职责，就是要有效地保证上述条件的存续与安全，从而能够发挥巨大推进社会进步的作用。

第三，社会的发展需要全社会各行各业的从业者爱岗敬业，认真履责，换句话说，爱岗敬业是我国社会各行业普遍倡导的职业精神和各社会组织要求其所属成员遵循的道德规范。公安民警作为公务员，其言行对社会有着重要的影响力，公安民警爱岗敬业会对社会其他行业从业人员职业道德建设产生积极的示范与引导作用，从而对社会发展产生促进作用。

---

① 陈晓云、郭忠菊、王绍乾：《爱岗敬业的意义与价值》，《成都教育学院学报》2003 年第 3 期。

第三节　爱岗敬业的具体要求

一、认真进行工作分析，优化警察人力资源配置

公安民警实践爱岗敬业是建立在对任职岗位权责利的了解与适应岗位要求与特点的基础之上的。因此，完善工作分析机制，优化警察人力资源配置是公安民警爱岗敬业的基本要求。

（一）完善工作分析机制

工作分析是指通过收集和分析工作相关信息，确定特定工作的性质、任务、职责、环境以及完成此项工作所需的知识、技能、经验等条件的实践活动。作为人力资源管理重要机制，被各种组织广泛运用。

近年来，公安机关越来越重视公安人力资源管理的科学化，不少地方的公安机关建立了公安工作分析机制，在公安民警录用、人力资源配置、公安民警教育训练及公安民警考核等方面发挥了基础性的作用。其实，工作分析机制的建立对于公安民警的自我管理，包括对公安民警爱岗敬业精神的培养也同样产生了重要作用。因为，对公安工作的科学分析，使公安民警对于自身履职的工作岗位有了更加清楚的了解，包括该岗位在整个公安工作系统中所处的地位、与其他工作岗位的关系，岗位的具体职责、对公安民警知识和能力的具体要求、任职者的未来发展前景等等。这就为公安民警选择喜欢、适宜的工作岗位提供了基础，也为公安民警按照职业要求进行自我修养、自我提升提供了可能。

（二）优化人力资源配置

公安民警与其他人群一样，因具有不同的兴趣、爱好、知识和能力结构等而具有不同的职业倾向性；而公安机关的工作岗位众多、职责不同、特点各异，对于任职者的知识、能力等有不同的要求。尽管有些工作兴趣、能力可以在公安民警的履职过程中加以培

养，但是，安排公安民警在其喜欢且适宜的公安工作岗位上，更容易强化公安民警对工作岗位的忠诚度，更容易激发公安民警工作的积极性和主动性、也更容易帮助公安民警扬长避短、人尽其才。

人力资源配置就是指通过各种途径和手段，把符合公安事业发展需要的各类人力资源及时、合理地安排在所需要的岗位上，实现公安人力资源整体结合的合理化，并使公安人力资源与公安机关其他资源相结合，形成现实公安战斗力的活动或过程。人力资源配置优化的基本原则是为具体工作配置合适的公安民警，为公安民警安排适宜的工作。因此，优化人力资源配置是帮助公安民警爱岗敬业的重要途径。

为优化人力资源配置，不仅需要提高工作分析的科学化，而且应注重公安民警素质测评与职业倾向性测度，帮助公安民警更加清楚地认识岗位责任要求，也更加清楚地认识自己，了解自我。

二、以能力建设为核心，全面提升公安民警的素质

爱岗敬业需要以优良的职业素养为保障，因此，公安民警实践爱岗敬业道德规范，在客观上要求以能力建设为核心，全面提高公安民警的素质。

（一）全面提高公安民警的素质

公安工作是具有鲜明政治性、复杂性、艰巨性、综合性和专业性特征的工作，因此公安民警只有全面提高自己的素质，方能胜任自己的本职工作，出色圆满地完成本职工作。

首先，应提高公安民警的政治素质。公安工作具有鲜明的政治性，这决定了公安民警必须具有高于其他社会成员的政治素质。公安机关应坚持政治建警，加强世界观、人生观、价值观的教育，帮助公安民警坚定正确的政治方向和政治立场，强化科学的政治观念和政治态度，不断提高政治鉴别力，保持忠于党、忠于国家、忠于人民、忠于法律的政治本色。

其次，应提高公安民警的知识素质。公安工作的复杂性、综合

性等特征决定了公安民警具备既有广度又有深度的综合性知识结构。主要包括四个方面：一是丰富的人文知识，包括历史知识、文学知识、政治知识、法律知识、艺术知识、哲学知识、宗教知识、道德知识、语言知识等。二是精深的法律知识，主要包括理论法学知识、历史法学知识、实用法学知识等，特别是公安法学知识。三是全面的公安学与公安技术知识，如犯罪学知识、治安管理学知识、侦查学知识、公安信息技术知识等。四是牢固的岗位业务知识。

最后，提高公安民警的身心素质。警察是一个特殊的行业，它具有危险性强、压力大等特点，这使健康的身心素质成为公安民警必须具备的素质。这主要包括敏锐的观察能力、灵敏的思维能力、良好的记忆能力、丰富开阔的想象力、集中的注意力、坚强的意志能力，等等。

（二）着力加强公安民警的能力建设

公安民警实践爱岗敬业职业道德要求，不仅以良好的素质为基础，更要以高强的能力为保证。

第一，应着力提升公安民警的观察能力，即对各种问题和现象的洞察力，帮助公安民警通过现象看到本质，预见事物的发展和变化。第二，着力提高公安民警分析问题的能力，帮助公安民警能够从众多问题中抓住主要问题，善于分析了解症结之所在，进行全面逻辑分析，做出正确结论。第三，着力提高公安民警的政治鉴别能力，帮助公安民警明辨大是大非，善于从政治上观察思考和处理问题，正确把握时代发展要求，科学判断形势，具备高度的政治敏锐性和洞察力。第四，着力提高公安民警的群众工作能力，帮助公安民警更好地与群众沟通与交流，善于宣传、动员和组织群众，依靠人民群众的力量打击犯罪活动，维护社会治安，开展综合治理。第五，着力提高公安民警的执法能力，帮助公安民警提高行政执法与刑事执法水平。第六，着力提高公安民警的沟通能力，帮助公安民警掌握与群众、媒体、其他社会组织的沟通技巧，有效协调警察公共关系。第七，着力提高公安民警信息化应用能力，帮助公安民警能够做到网上办公、网上办案。

三、改革教育训练模式，完善引导奖励机制

着眼提高公安民警履职能力，鼓励公安民警爱岗敬业，需要改进公安教育训练工作，发挥激励机制的引导作用。

（一）改革教育训练模式，提高公安民警的履职能力

公安民警要做到业精技强，需要进一步加强教育训练工作，特别是改革教育训练模式，提高教育训练的实效性。所谓公安民警教育训练模式是指公安机关为建构公安民警的知识、素质与能力结构，以公安教育训练目标为依据，以提高教育训练的实效性为目标，而选择确立的教育训练过程及方式。不同的教育训练模式会产生不同的教育训练结果。

近年来，各级公安机关及教育训练部门研究公安教育训练的特点、现实需求与规律，探索出多种教育训练模式，其中“轮值轮训、战训合一”便是有利于公安民警实战能力提升的有效教育训练模式。该模式的基本内涵是“找准专项培训和业务实战之间的连接点，在训练中实战，在实战中训练，用训练指导业务实战、用实战检验训练成果，同时发现培训中存在的问题，再还原于培训，做到训源于战、训寓于战、训战同步，实现训练与实战的良性互动，达到提高民警实战技能，解决战训脱节问题和一线实战突出问题的目的”①。这种教育训练由于将岗位对技能的实际需求与训练有机结合了起来，把岗位履职与教育训练紧密地结合在一起，不仅有效利用了教育训练的资源，节省了教育训练的时间，缓解了工学矛盾，提高了公安民警学习训练的兴趣，增强了训练的实效性，还特别有助于提高公安民警的实战能力，从而帮助公安民警实践爱岗

① 文国 鲁鑫 王连：《浅析基层公安“轮训轮值、战训合一”模式》，交通警察网。

敬业的精神。

公安民警爱岗敬业，不仅需要精湛的实战技能，如前所述，还需要人文知识、丰富的理论等，因此，公安机关还需要进一步探索公安教育训练模式，以全面提高公安民警的胜任能力。

（二）发挥典型示范作用，完善奖励机制

心理学家认为，人在一生中不仅其外显行为来自对别人的模仿，其态度和价值观念、行为习惯乃至道德品质、性格特征，都可能来源于模仿。心理学家还强调，人的一生需要不断地激励，激励能够强化人的正确的行为，能为人们达成目标产生强大的动力。

在公安工作发展的历史过程中，涌现出来了一代又一代的先进模范人物，而每一位先进典范的身上都凝聚着高尚的警察职业精神，集中反映着公安机关与公安队伍的认识水平和精神面貌，展示着公安民警爱岗敬业、争创一流、甘于奉献的优秀品质。公安机关应切实发挥先进模范的引领与示范作用，并进一步完善奖励机制，这必将能够感动与激励广大公安民警以先进为榜样，充分发挥自身的积极性、主动性、创造性，用自己的聪明才智乃至鲜血和生命去铸就公安事业的辉煌，切实贯彻爱岗敬业职业道德的要求。

第九章　甘于奉献

奉献是社会主义职业道德的本质特征，是一种真诚自愿、不求报答、克己奉公、服务社会或他人的行为。甘于奉献是公安机关人民警察为了党和人民的利益，为了公安事业不计报酬、不求回报、全身心投入，必要时能够舍弃和牺牲个人利益的一种高尚精神和品格。我国现阶段警察职业的艰辛、高压力决定了警察必须具备甘于奉献的崇高精神和品格。甘于奉献是公安民警在职业生涯中正确处理个人利益与党和人民利益、与公安事业关系的重要道德规范，也是公安民警在职业生涯中获得荣誉的必要条件。只有具备了这种精神和品格，公安民警才能以苦为乐，体味公安民警职业的崇高，珍惜公安民警的荣誉，履行好神圣的职责和使命。

第一节　甘于奉献的主要内容

在公安机关人民警察职业道德规范中，“甘于奉献”的主要内容及要求是：任劳任怨，顾全大局，献身使命。

一、任劳任怨

从古至今，任劳任怨都是中华民族所推崇的高尚美德。任劳任怨的意思是勤勤恳恳，做事不怕吃苦，不怕别人埋怨。结合公安工作，任劳任怨内含着对公安民警两个方面的要求：一是公安民警要兢兢业业、不辞劳苦地做好本职工作，为维护党和人民的利益，为公安事业的发展，乐于奉献。二是公安民警在付出努力后，因为种种原因没有得到领导、同事和群众的理解，也能正确对待，不以他人的态度而影响自己对工作的热情和执著追求。

在发展社会主义市场经济的当今社会，有人认为，任劳任怨的精神和美德需要重新审视，因为任劳的人由于没有给自己划一个清晰的底线，会导致什么事情都做，结果什么都做不好。而任怨则与人性相悖逆，容易导致压抑情绪，病从中生。在一个多元化的社会里，虽然价值取向多元是正常现象，允许不同的人有不同的价值观和价值取向，但对任劳任怨这种为大多数中国人所珍视的传统美德和价值取向提出非议，显然是难以为人所接受的。因为社会上有许多职业和许多工作岗位非常繁杂、艰辛和琐细，也容易受到人们的误解和责难，对于从事这样职业和奋战在这样工作岗位的从业人员来说，任劳任怨就成为一种必备的职业道德要求。

警察职业和工作岗位就具有这样的特点，因而任劳任怨应该成为警察职业和公安工作对公安民警的职业道德要求。《人民警察法》对公安机关人民警察职责的规定有十四条之多，包括执法、管理等许多方面。除此之外，《人民警察法》第二十一条还规定：人民警察应当积极参加抢险救灾和社会公益工作。这意味着公安民警还要从事大量的服务群众和社会公益工作。在长期的公安工作实践中，全心全意为人民服务宗旨的倡导、有困难找民警的大力宣传、有求必应的承诺、服务型公安机关的建设等，已经使公安民警成为身处危难和困境中的群众最为信赖、最愿意求助的公务人员。这在客观上加大了公安民警的工作负担，并对公安民警任劳任怨的职业道德有了更加迫切的要求。

在公安队伍中，那些默默无闻、埋头苦干、兢兢业业的公安民警，往往被人们称为任劳任怨的“老黄牛”。例如，原江西省南昌市西湖分局筷子巷派出所户籍民警邱娥国，从警20年来始终不渝地践行着为人民服务的宗旨，在平凡的岗位上默默无闻地工作，辖区老老少少有事找他，他都热心相助，被誉为“群众的贴心人”，先后荣获全国先进工作者、公安部一级英模、全国五一劳动奖章、全国优秀共产党员、全国第三届当代雷锋、全国敬老爱老金榜奖等

100多项荣誉称号，2009年9月14日，邱娥国被评为100位新中国成立以来感动中国人物之一。

又如，被评为全国第四届“我最喜爱的人民警察”的北京市公安局西城分局西长安街派出所义达里社区民警李国平，像社区里的孺子牛，从警20余年，坚守“人民赋予我权力，我用它更好地为人民服务”的信念，十几年如一日，扎根社区，无私奉献，用踏实勤恳的工作，积累了19本厚厚的台账，4条胡同2个大街124个院落的情况，事无巨细、每天更新，实现了群众满意、居民安心的目标，取得了矛盾不跨界，纠纷不出域，社区连续20年未发生刑事案件的突出成绩。

新中国成立以来，公安事业和公安工作之所以能兴旺和发展，就是因为有无数个像邱娥国和李国平这样任劳任怨的“老黄牛”在默默地无私奉献，他们是公安工作的中流砥柱，是公安事业兴旺发达的坚强保证。

二、顾全大局

顾全大局是党中央倡导的新时期公务员精神的核心内涵之一，同时也是中国共产党的优良传统和作风。无论是在革命战争时期，还是在社会主义建设时期，党的几代领导人都强调领导干部和共产党员必须有大局意识，必须做到顾全大局。

抗日战争时期，毛泽东同志在《照顾全局，照顾多数及和同盟者一道工作》一文中说：“共产党员必须懂得以局部需要服从全局需要这一个道理。如果某项意见在局部的情形看来是可行的，而在全局的情形看来是不可行的，就应以局部服从全局。反之也是一样，在局部的情形看来是不可行的，而在全局的情形看来是可行的，也应以局部服从全局。这就是照顾全局的观点。”① 1980年12月，邓小平同志在中央经济工作会议上指出：“要教育全党同志发

① 《毛泽东选集》第2卷，人民出版社1991年版，第525页。

扬大公无私、顾全大局、艰苦奋斗、廉洁奉公的精神，坚持共产主义思想和共产主义道德。”① 十三届四中全会后，以江泽民同志为核心的党的第三代中央领导集体，将加强党的建设视作新的伟大工程，把顾全大局、令行禁止纳入“三讲教育”、“八个坚持，八个反对”党的作风建设中，成为“三个代表”重要思想的有机组成部分。党的十六大以来，胡锦涛同志把作风建设作为提高党的执政能力、巩固党的执政地位的一项重要任务。2007 年 2 月在中纪委第七次会议上，明确把顾全大局、令行禁止作为加强党的作风建设八个方面的重要内容提出并加以全面论述。由此可见，顾全大局是中国共产党的优良传统和作风，是中国共产党领导中国革命和建设不断取得胜利的重要前提和保证。

公安事业是党的事业的重要组成部分，因而顾全大局历来是对公安机关领导干部和广大公安民警的政治素质要求和职业道德规范要求。大局，就是全局，就是党和人民的长远利益和根本利益，以及公安工作的整体利益。顾全大局就是增强全局观念，一切以党和人民的长远利益和根本利益及公安工作的全局利益为重，正确处理好国家、集体和个人的利益关系；局部利益服从全局利益，个人利益服从国家和集体利益，必要时，为了全局利益，不惜牺牲局部利益和个人利益。

顾全大局是社会主义集体主义道德原则在公安工作中的具体体现，也是集体主义原则对公安民警职业道德和职业精神的必然要求。在党和国家的大局中，在公安事业的整体中，每位公安民警是局部和个体。作为局部和个体的公安民警，只有服从大局和整体，树立一盘棋的思想，时时处处以大局利益为重，一切从全局利益出发，才能凝聚成众志成城的力量，使公安机关击向犯罪的铁拳更加坚强有力，各项公安工作才能达成既定的目标。

① 《邓小平文选》第 2 卷，人民出版社 1994 年版，第 367 页。

顾全大局的内容及要求主要包括以下几个方面：

第一，树立大局意识，自觉服从大局。在公安工作中，公安民警必须有大局意识，自觉维护大局，自觉服从大局。大局是相对于局部而言的，从全国来说，公安机关必须维护党和人民的根本利益，公安工作必须服从和服务于国家改革开放和建设社会主义和谐社会的大局。从公安机关内部来说，各警种、各工作部门，都要服从公安工作的全局，步调一致，通力协作，确保公安机关能够给社会和公众提供满意的公共安全产品。

第二，处理好大局和局部、个人和整体的利益关系。每位公安民警都是公安机关这台国家机器上的一个部件，必须识大体，顾大局，做到个人利益服从公安事业的整体利益，局部利益服从全局利益。自觉克服个人主义、本位主义和小团体主义的思想，特别是要防止工作中的地方保护主义和各自为政的做法。

第三，在工作中做到协同作战，服从统一指挥。协同作战，统一指挥是实现顾全大局必不可少的路径和手段。特别是对公安民警个人来说，顾全大局主要通过服从统一指挥和与各方协同作战来体现。

三、献身使命

献身使命，是公安民警崇高的精神和道德境界，意指为完成使命而全心全意奉献一生，甚至不惜献出生命。对于公安民警来说，使命意味着对党和国家、对人民和法律承担的责任和义务，忠诚可靠，服务人民，公正执法，英勇善战，廉洁从警，就是现阶段公安民警最重要和神圣的责任和义务，因而献身使命就是要坚决履行好公安民警的神圣职责，做到对党忠诚，公正执法，服务人民，清正廉洁，英勇善战。

警察职业神圣而艰辛，公安工作光荣而平凡。选择了警察职业和公安工作，就意味着更多的付出和牺牲，没有献身使命的精神追求和高远志向，是不可能在日复一日的艰辛和平凡中持之以恒、奉献终身的。献身使命是推动公安事业和公安工作兴旺发展的强大动力，是每位公安民警实现自身价值的根本途径，是公安民警维护职业荣誉和形象的必然之路。

公安民警的使命是崇高的也是具体的，是神圣的也是平凡的。献身使命包含如下内涵及要求：

第一，忠诚使命。这是献身使命的前提条件。忠诚使命是建立在对使命认知和认同基础上的一种决心和信念，是献身使命的强大思想和精神动力。忠诚使命，就是要对履行公安民警职责和义务有强烈的责任感和使命感，把职业责任和使命看做是必须履行好的天职，无论遇到任何艰难险阻，都要有履行好职责和使命的坚定信心和信念。

第二，履行使命。有了忠诚使命的思想觉悟和心理认同，还要有履行使命的自觉行动和实践。只有付诸行动，公安民警的使命才能由理论上的崇高变为现实的崇高。履行使命体现在公安民警平凡、具体和高风险的执法、管理和服务工作中。法律、职业纪律和职业道德规范等对公安民警的责任和义务作了明确的规定，公安民警履行使命就是要严格遵守相关的规范，尽职尽责地做好执法、管理和服务工作，做党和人民信赖的忠诚卫士。

第三，不辱使命。不辱使命是尽职尽责履行使命的重要标志，也是忠诚使命、履行使命的最终落脚点。公安民警是否真正具有忠诚使命的责任感，是否真正做到了履行使命，就看能否做到不辱使命。不辱使命就是能把忠诚使命付诸实践和行动，并能在这个过程中，追求最佳工作绩效，满足党和人民的期望，实现法律效果和社会效果统一的工作目标。

第二节 甘于奉献的基本依据

一、现阶段公安工作的特点

我国正处于社会急剧转型的时期。由于各种原因，现阶段公安工作繁重、艰辛的特点，异常凸显。

首先，现阶段我国治安形势严峻，客观上使公安机关维护社会稳定的任务更加繁重。随着我国改革开放的深入和社会转型的加速，受各种复杂因素的影响，刑事犯罪总量仍在高位运行，新型犯罪不断增多，特别是黑恶势力犯罪、严重暴力犯罪、多发性侵财犯罪、涉众型经济犯罪等仍处于高发期。加之利益关系调整引发各种社会矛盾凸显、叠加，导致不同阶层和团体的利益矛盾和冲突成为社会的常态，由此而引发的群体性事件在近年来也呈多发的态势。在这样的社会条件下，公安工作面临巨大的挑战和考验，公安民警承担的维护社会稳定的任务十分繁重和艰巨。以天津市公安机关为例，据统计，截止到2010年1月9日，天津市公安局110指挥中心进入2010年以来已经接警107574起，处理警情81027起，平均每天接警超过一万起。① 如此重的工作负荷基本上代表了基层公安民警的工作状况。公安工作的艰辛和繁重由此可见一斑。

其次，公安工作的繁杂、琐细以及警力缺乏，也在客观上加重了公安民警工作的负荷。我国的公安民警除了要履行打击犯罪、维护社会治安等基本的职能以外，还承担着大量其他服务性的工作以及各种阶段性、临时性的工作和专项斗争。不仅如此，条块结合，以块为主的管理体制也在一定程度上导致了公安民警要从事一些非警务性的工作。还以天津市公安局110指挥中心为例。据介绍，天津市公安局110指挥中心日均接警量在1.1到1.2万起左右，有40%左右是交通类报警，包括事故、咨询，刑事案件、治安案件占到10%左右；约有一半是各类求助电话。这一方面说明群众对公安机关的信任，另一方面也加大了公安机关的工作量。问题的关键在于，我国目前的警力严重缺乏。根据全国第五次人口普查结果，我国警察总数占人口的万分之12，平均每名警察管理的人口数是

① “110每天接警上万起　交通事故求助电话占主流”，天津人民广播电台经济广播2010－01－11。

1100人。国外上世纪70年代警察占人口比例的统计数据显示：法国是万分之35；意大利是万分之29；美国是万分之28。平均每名警察管理的人口数：法国是269人；美国是379人；英国是384人。繁重的工作量和警力的相对匮乏，无形中加大了我国警察的工作负荷，使警察长期处于疲于应付、加班加点的疲劳工作状态。

北京市社科院社会科学研究所几年前一项长达两年的跟踪调查研究表明，警察在所有行业中是工作时间最长的。研究发现，在所有的公务员中，警察的工作量最大：一个警察一年的工作量已经相当于同级政府部门公务员两年半的工作量。一项来自广州的调查显示：当地巡警人均日加班4.4小时，派出所民警、刑警人均日加班3.5小时，而广州警力数量在全国位列前茅。其他警力缺乏的地区更是可想而知。[①] 另据在公安网的不完全调查显示：一线民警（非机关人员）每周几乎天天都加班的民警占25%，每周要加二三天班的民警占75%，而每周几乎没有加班的民警则为零。[②]

可以预见的是，随着社会的发展，我国综合国力的增强，警察职业化程度的提升以及公安管理水平的提高，公安民警超负荷工作的状态会有所缓解，但在今后相当长的时期内，我国的国情决定了公安工作繁重和警力缺乏矛盾的局面，都不会得到根本性的改观。由此决定了公安工作依然是一项异常繁重和艰辛的工作，而这也成为现阶段我国公安工作的一个突出特点。身处这样的工作环境，无私奉献必定成为警察职业对公安民警的基本道德要求。

二、公安民警“公共人”的价值取向

公安机关是政府的行政执法机关，公安民警是政府的执法人员，这决定了警察职业和职业活动具有鲜明的公共性，体现在公安

① 陈利华：“严打先锋背后的尴尬：中国警察素质和待遇堪忧”，《环球》2005年第7期。

② “中国警察的现状”，http：//bbs. tiexue. net/post_3144325_1. html

民警的权力是公共权力，维护的是公共利益，满足的是公众的公共安全需要，提供的是公共安全产品，追求的是社会公平正义。警察职业和职业活动的公共性决定了每位公安民警必然是以维护公共利益为价值取向、以甘于奉献为荣的“公共人”，而不是追求自身利益最大化、对得失斤斤计较的“经济人”。

近代社会，公共领域与私人领域逐渐出现了明确的区分，这两个领域具有不同的行事规则：私人领域是“经济人”活动的范围，英国古典政治经济学的主要代表人物亚当·斯密认为，在私人领域中，经济人“不打算促进公共的利益”，由于“受着一只看不见的手的指导”，经济人“管理产业的方式目的在于使其生产物的价值能达到最大程度”，因而他“所盘算的也只是他自己的利益”。① 一句话，经济人以追求个人利益最大化为目标。与此相反，公共领域则是“公共人”活动的范围，“公共人”由于权力来自公众的授权，其全部生活资料由公众提供，因而“公共人”必须以公共利益为价值取向和依归，以一心为公、无私奉献为应有的职业品质，而任何对个人利益斤斤计较，只想索取不思奉献的思想和行为，都是对公共性和公众意愿的背离。

一旦成为“公共人”，就要为公为民奉献和付出，这是中华民族从古至今对国家公职人员的期望和要求。古代大禹治水的故事之所以几千年来为人们所传颂和景仰，就是因为大禹在为国家和百姓治水的过程中，“居外十三年，过家门不敢入”，“腓无胈，胫无毛，沐甚雨，栉疾风，置万国。”② 大禹为天下万民兴利除害，躬亲劳苦，与民一起栉风沐雨，同洪水搏斗，以至于形容憔悴、大腿无肉、小腿无毛，这种为天下人着想、付出、奉献的精神和品德，是后人对大禹尊敬和赞美的根本原因所在。

---

① ［英］亚当·斯密：《国民财富的性质和原因的研究》（下卷），商务印书馆1974年版，第27页。

② 《庄子·天下》

从近代警察制度发轫至今，警察是公务人员队伍中与公众接触最多的一个职业群体，因而公众对公安民警为公为民付出和奉献的精神有着更为直接和强烈的要求。晚清时期是中国近代警察制度的初创时期，清政府要求警察要成为“民之导师，民之保姆”，对百姓要做到“友之如手足，亲之如子侄”。透过这些充满中国化的文字表述，我们看到了警察要为民无私奉献的一种强烈要求。新中国成立后，共产党领导下的公安民警更是把奉献、牺牲、敬业等作为对公安民警的职业道德要求，不仅从规范上更从实际行动中体现并践行着人民公安为人民的承诺。

马克思和恩格斯通过对巴黎公社经验的总结，提出无产阶级政权的工作人员都应该成为人民的“公仆”，不能像资产阶级的官僚那样，“为了追求自己特殊的利益，从社会的公仆变成了社会的主人。”① 警察是追求和维护公共利益的“公共人”，也是人民的公仆，这决定了公安民警在工作中就是要做到一心为公，甘于奉献。无论公安工作多么艰辛和繁重，只要选择了警察职业，就要学会承受，就要默默奉献。

三、甘于奉献是公安机关的优良传统和作风

公安机关的优良传统和作风是广大的公安民警在长期的公安工作实践中，逐步形成的具有公安特点的、对于民警具有激励和凝聚作用的、为民警所认同、继承和发扬的优良的思想、作风、信仰和习惯等。

公安机关究竟具有哪些优良的传统和作风，对此不同的人有不同的看法。但无论大家对公安机关的优良传统和作风作怎样的提炼和概括，甘于奉献都是大家一致认同的优良传统和作风之一。

人民警察的历史就是奉献的历史。1937 年，我党在延安建立了由 35 人组成的延安警察队，称为延安市公安局。从那时起，公

① 《马克思恩格斯选集》第 2 卷，人民出版社 1972 年版，第 334 页。

安民警就和奉献紧紧地联系在了一起。无论是在打击犯罪中无数警察宝贵生命的付出，还是在抢险救灾、维护治安、服务百姓中公安民警的艰辛劳累，都在谱写着公安民警的奉献之歌，都在书写着公安民警奉献的辉煌。我国的社会主义现代化建设之所以能取得举世瞩目的成就，人民群众之所以能享受着安宁、祥和、幸福的生活，就是因为有无数公安民警在自己的工作岗位上不计报酬，默默奉献。

"当警察就是意味着吃苦，意味着奉献，意味着牺牲"，这是福建省石狮市公安局凤里派出所所长、福建省"十大杰出青年"、"福建省特级优秀人民警察"、全国"五一"劳动奖章获得者陈爱民说过的一句话，也是千千万万公安民警感悟最深的一句话。新中国成立后，一代代公安民警用他们的鲜血和汗水，积淀和传承着公安机关以奉献为荣的优良传统和作风。

黑龙江省东莱派出所是一个具有光荣传统的战斗集体。早在60年代，就被黑龙江省委、省政府命名为"革命化、群众化、战斗化的公安派出所"，成为公安战线的典范。40多年来，他们以自己宗旨不变，本色不改的实际行动，形成了"爱人民、讲奉献、保平安"的东莱精神，先后上百次受到国家和省、市的表彰，连续10年被评为省级文明单位标兵，先后被国务院命名为"人民满意的派出所"、被中央精神文明建设指导委员会授予"全国创建文明行业先进单位"的荣誉称号。

剑胆琴心的公安一级英模——盖起章，他在公安战线上工作15年来，始终牢记为人民服务的宗旨，把全部的时间和精力都倾注到公安事业中。尤其在身患重病期间，发出"活着就干、死了就算，宁可干死，不愿等死"的铮铮誓言，忘我工作，无私无畏，奉献一生。

甘于奉献这一公安机关的优良传统和作风，就是由无数个像东莱派出所和盖起章这样的先进集体和模范个人的奉献行为积淀而成，并传承下来的。公安民警"甘于奉献"的职业道德规范既是对公安机关这一优良传统和作风的继承，也是新形势下公安机关优良传统和作风对公安民警职业道德的要求。

第三节 甘于奉献的具体要求

一、忠于职守，做好本职工作

从警察职业道德的角度来说，奉献与公安民警平凡的工作岗位有着密切的联系，工作岗位是奉献精神得以弘扬和体现的平台。因此，公安民警要做到甘于奉献，最基本的途径就是要忠于职守，爱岗敬业，把自己的本职工作做好。离开本职工作谈奉献，奉献就是一句空话。

《公民道德建设实施纲要》把“爱国守法、明礼诚信、团结友善、勤俭自强、敬业奉献”确立为公民的基本道德规范。其中，“敬业”和“奉献”是联系在一起的，这充分表明实现奉献精神的途径主要在于忠于职守，做好本职。人类的进步离不开每位职业人员的勤业和敬业，社会文明大厦就是建立在职业人员敬业奉献的基础之上的。在当今社会，忠于职守，爱岗敬业已经超越个体的道德范畴，成为现代文明社会具有普适价值的职业道德标准。

甘于奉献，对公安民警有不同层次的要求，但最基本的要求就是立足岗位作贡献，做尽职尽责的党和人民的卫士。有的学者提出奉献精神有三种境界：一是低层次的奉献境界，即付出是为了回报；二是较高层次的奉献境界，即索取是为了更好地付出；三是最高层次的奉献境界，即无私奉献，只讲付出，不讲回报。公安事业当然需要越来越多的具有崇高境界的奉献者，但无论是奉献的哪种境界，都以公安民警的本职工作岗位为基石，都离不开公安民警对工作的认真负责和精益求精。

公安民警的奉献之路在于爱岗敬业。爱岗敬业要求公安民警做到：一要乐业。乐业就是要热爱警察职业和公安工作，无论从事哪个警种和岗位的工作，都要干一行爱一行，倾心付出。二要敬业。宋朝思想家朱熹说：敬业就是“专心致志以事其业”，即要用一种恭敬严肃的态度对待自己的工作。从小处来说，岗位就是每位公安民警的谋生手段，是获得个人生存和发展所需生活资料的平台，因而对工作要有敬畏和感恩之心。三是勤业。古人云：业精于勤而荒于嬉。勤业就是要立足岗位，勤奋努力，肯学习、勤钻研，不懈怠，永保工作的热情和干劲。

二、业精技强，掌握过硬本领

业精技强是对广大公安民警精通业务，熟练掌握岗位专业技术和技能的要求，它是公安民警甘于奉献的内在要求和前提，是公安民警忠于职守的重要保证。

对于公安民警而言，甘于奉献绝不是一句口号，而是实实在在的行动。要做到甘于奉献，就必须具备奉献的本领和能力。古人云：“德者，才之帅也；才者，德之资也。”如果一个公安民警只有忠于职守和爱岗敬业的热情与理想，而没有较强的警务工作本领和能力，那么，就失去了奉献的客观基础，因而也不能可能真正做到甘于奉献。甘于奉献是公安民警应该坚持和弘扬的道德价值，而这种价值能否实现或实现的程度则取决于公安民警业务能力和本领达到的水平。

从近代专职警察产生到今天，警察职业经历了日趋专业化的发展历程。警察职业专业化意味着公安民警从事警务工作需要专业的知识和经验，从事警察工作也需要专门的培训，而不再是类似传统的师傅带徒弟的工匠式的培养模式。特别是随着 20 世纪 60 年代先进科学技术在警务实践中的应用，警务工作的科学化、信息化程度日益提高，从而对公安民警的业务知识和能力提出了越来越高的要求。传统社会身强体壮、头脑简单的赳赳武夫式的公安民警已经无法适应现代社会对公安民警知识和能力的要求了。始自于 2004 年 5 月的全国百万民警大练兵活动，其背后就蕴含着打造我国专业化公安队伍的追求和梦想。

毛泽东曾经说过，一支没有文化的军队，是愚蠢的军队，而愚蠢的军队是不能战胜敌人的。这句至理名言同样适用于公安民警。要做到业精技强，掌握过硬本领，公安民警就要掌握并熟悉公安工作所必需的各项业务知识，具备干好工作的一技之长，并能随着时代的发展变化而不断更新知识，掌握新技能，熟悉新手段，以适应社会日新月异的发展变化和要求。

三、处理好个人利益和集体利益的关系

奉献是公安民警为国家、为公安事业竭心尽力，因而公安民警的奉献具有利他性，但这并意味着讲奉献就要排斥公安民警的个人利益，或要求公安民警必须放弃和无谓地牺牲个人利益。甘于奉献对公安民警最基本的要求是正确处理个人利益和集体利益的关系，自觉地把国家和人民的利益放在首位，努力为国家和人民作贡献，当个人利益与国家和人民的利益发生矛盾时，就要服从国家和人民的利益，必要时舍弃和牺牲个人利益。

对个人利益存在的合理性和必要性，马克思早就提出了精辟的论断："人们奋斗所争取的一切，都同他们的利益有关。"① 邓小平指出："革命是在物质利益的基础上产生的，如果只讲牺牲精神，不讲物质利益，那就是唯心论。"② 马克思主义的利益理论告诉我们，在人的思想动机背后是人的利益，人们改造自然和社会的一切活动，都是直接或间接地为了谋取某种利益，取得并改善自己生存和发展的条件，利益原则是人类一切社会活动的最终动因。坚持马克思主义的利益原则，就不仅要承认个人的物质利益，而且要将个人利益实现的程度作为衡量社会进步的重要标志。因此，倡导甘于奉献的公安民警职业精神和道德，并不否认公安民警的个人利益，

---

① 《马克思恩格斯全集》第1卷，第82页。

② 《邓小平文选》第2卷，第146页。

而是强调公安民警个人利益与国家利益和公安事业整体利益的有机统一，坚持奉献精神和利益原则的有机统一。

当今时代，警察职业既是公安民警为社会作贡献和实现自身价值的平台，也是公安民警维持生存、追求幸福生活的重要手段。公安民警作为国家执法人员，虽然党和人民及公安组织对其提出了较高的行为要求，但公安民警也是生活在社会中的人，也有普通人所具有的物质和精神的利益需求，因而公安民警的个人利益是一个客观的存在，只要在法律和道德允许的范围内，公安民警追求个人利益就是正当的，应予承认和尊重的。那种把公安民警追求正当的个人物质利益看成是斤斤计较，甚至是个人主义的思想，是偏颇的，也是不符合马克思主义关于利益问题的基本主张的。

对于公安民警的职业活动来说，关键问题不是存在不存在公安民警的个人利益，而是公安民警如何对待和处理好个人利益和其他职业利益的关系。公安民警职业活动是多种利益关系的交叉点和连接点。公安民警面对的利益关系是多元的，既有个人利益与国家利益的关系，也有个人利益与公安事业整体利益的关系，还有个人利益与公安组织中局部利益的关系。在错综复杂的利益关系中，公安民警一定要摆正和处理好个人利益和其他利益的关系，努力做到各种利益的协调一致，当个人利益与国家利益、个人利益与人民利益、个人利益与公安事业整体利益发生矛盾和冲突时，要以后者的利益为重，必要时放弃和牺牲个人利益。只有这样，公安事业的整体利益才能得到发展，公安民警的个人利益也才有实现的可能。

在社会主义市场经济条件下，甘于奉献和公安民警个人利益之间并不一定是矛盾和冲突的。具有中国特色社会主义的发展之路之所以受到人民群众的拥护，就在于它找到了兼顾国家、集体和个人三者利益的有效途径。邓小平说："怎样把国家利益、企业利益、职工利益比较好地结合起来，调动各方面的积极性，我们开始找到了门路。”① 邓小平所说的这个门路就是兼顾国家、集体和个人利益的利益结合原则，实现三者利益的和谐共生共荣。

对于公安民警来说，践行甘于奉献的公安民警职业道德规范，就是要弘扬无私奉献的精神，顾全大局，以党和人民的利益、公安事业的全局利益为重，当个人利益和人民的利益以及公安事业的利益发生矛盾和冲突时，要放弃和牺牲个人利益。从公安机关的角度来说，一方面，要倡导和弘扬甘于奉献的精神和职业道德，另一方面，也要尊重公安民警合理正当的个人利益，构建有效合理的利益激励机制，让奉献的公安民警能得到应有的物质和精神方面的回报，使越来越多的公安民警愿意奉献，自觉去奉献，只有这样，奉献的道德和精神才能深深扎根于公安民警的心中，为公安民警所接受和践行。

① 《邓小平选集》第2卷，人民出版社第362页。

第十章 清正廉洁

清正廉洁的基本含义是为官品行端正，正直廉洁，不贪污徇私。古今中外，清正廉洁都是为官从政的必备之德。在现代社会，警察职业具有鲜明的权力性和易腐性的特点，无论是公安机关的领导者还是普通民警都握有与群众公共安全利益息息相关的较大的执法和管理权力。权力如果失去严格的约束和监督，就容易导致腐败。因此，为警清廉、清正廉明就成为中外警察职业道德的共性要求。

第一节 清正廉洁的主要内容

在人民警察职业道德规范中，“清正廉洁”的主要内容及要求是：艰苦朴素，情趣健康，克己奉公。

一、艰苦朴素

艰苦朴素是指吃苦耐劳、勤俭节约的作风。艰苦奋斗、艰苦朴素、勤俭节约历来是中华民族的传统美德，是绵亘五千年文明古国的优良品质，也是中国共产党的传家宝，是新形势下加强党的干部队伍作风建设的一个重要方面。

从古至今，历史上许多志士仁人都把艰苦朴素、勤俭节约看做是重要的美德。诸葛亮在《戒子篇》中曾经有过“静以修身，俭以养德”的名言。唐代诗人李商隐在诗中写道：“历览前贤国与家，成由勤俭败由奢。”无论时代发生怎样的变化，“居安思危，戒奢以俭”，都被看做是持家立业的根本，安邦定国的保证，时代应予传承的美德。

中国共产党之所以能够领导中国人民夺取新民主主义革命的胜利，建立社会主义新中国，与党一贯倡导和践行艰苦朴素等优良作风密不可分。新中国刚刚成立时，毛泽东同志曾经指出："要使全体青年们懂得，我们的国家现在还是一个很穷的国家，并且不可能在短时间内根本改变这种状态，全靠青年和全体人民在几十年时间内，团结奋斗，用自己的双手创造出一个富强的国家。社会主义制度的建立给我们开辟了一条达到理想境界的道路，而理想境界的实现还要靠我们的辛勤劳动。"① 1956 年毛泽东《在中国共产党第八届中央委员会第二次全体会议上的讲话》中又强调指出："要勤俭建国，反对铺张浪费，提倡艰苦朴素、同甘共苦。"② 我国改革开放的总设计师邓小平同志针对铺张浪费的现象，强调指出："在经济得到可喜发展、人民生活水平得到改善的情况下，没有告诉人民，包括共产党员在内，应该保持艰苦奋斗的传统。坚持这个传统，才能抗住腐败现象。所以要加强对人民进行思想政治工作，提倡艰苦奋斗。这是中国从几十年的建设中得出的经验。"③

公安队伍是在党的领导下诞生的，因而党倡导的艰苦朴素作风也应是公安民警应予继承和发扬的优良传统作风，是公安民警应尽的道德义务和责任。艰苦朴素要求公安民警在实现中华民族的伟大复兴中，始终保持艰苦创业、勤俭节约的精神和作风，自觉抵制享乐主义、拜金主义的腐朽思想，保持劳动人民的本色，做艰苦朴素的表率。

结合当今我国社会发展的实际，艰苦朴素之于公安民警蕴含着如下的内容和要求。首先，要对国情有正确的认识，树立以艰苦朴素为荣，以奢侈浪费为辱的思想。虽然经过 30 多年改革开放的发

---

① 《毛泽东著作选读》下册，第 781 页。
② 《毛泽东选集》第 5 卷，人民出版社第 1977 年版第 317 页。
③ 《邓小平文选》第 3 卷，第 290 页。

展，我国社会在各个方面都发生了巨大的变化，人民群众的物质生活水平有了大幅度的提高，但我国仍然处于并将长期处于社会主义初级阶段，经济和社会基础还比较薄弱，部分地区温饱问题刚刚解决。为了实现和谐社会和经济发展的宏伟目标，公安民警必须和全国人民一起，戒除奢侈，反对铺张浪费，进一步发扬艰苦朴素的革命传统和作风。其次，要保持奋发向上和艰苦创业的精神。随着时代的变化，人民群众物质和精神生活水平的提高，艰苦朴素并非要求人们“新三年，旧三年，缝缝补补又三年”，或是要求人们过苦行僧式的生活，而是把艰苦朴素看做是艰苦创业、积极有为的一种精神，一种拒绝铺张浪费、追求奢华的美德。艰难困苦，玉汝于成。公安民警必须远离奢侈，拒绝攀比，安于过正常的生活，才能经得起诱惑，保持积极向上，艰苦创业和锐意进取的斗志和精神风貌。

二、情趣健康

情趣就是一个人的兴趣和爱好，它是个人内在情感和心理需要的表现。对于普通公民来说，情趣更多是属于个人私生活范畴的事情，其健康与否可能仅与个人的事业发展和身心健康有关。但是，对于国家工作人员来说，由于其职业活动具有鲜明的公共性，因而其情趣是否健康，不仅关乎个人，而且也关乎公共利益，因此不得不引起重视。

胡锦涛总书记在中纪委第七次全会上，特别指出：领导干部“要生活正派，情趣健康，讲操守，重品行，注重培养健康的生活情趣，保持高尚的精神追求。”党的十七届四中全会《关于加强和改进新形势下党的建设若干重大问题的决定》，提出了“德才兼备、以德为先”的用人标准，在德的评价标准上，就包括公务人员情趣健康。党中央之所以把情趣健康提到评价党员干部标准的高度来认识，原因就在于国家工作人员的情趣绝不仅仅只反映其个人的兴趣爱好，而是在一定程度上反映个人为政的情操、作风、品德和品性，反映着人的精神境界和追求，并在很大程度上影响着党和政府的形象。因而公务员个人情趣是否健康与从政是否廉洁，具有很大的相关性。儒家讲“修身、齐家、治国、平天下”，就反映了公职人员在情趣、作风和品德方面的自我修养与为官从政之间的逻辑关系。从这个意义上看，作为国家工作人员，具有健康的情趣和良好的品行应是对其最基本的要求。

公安民警作为国家公务员，也必须做到情趣健康。由于公安民警拥有的执法权力涉及千家万户，工作需要必须接触社会阴暗面，因而公安民警成为许多怀有不法目的的人拉拢腐蚀的对象，再加上一些公安民警受拜金主义、享乐主义腐朽思想的影响，因而公安队伍中少数民警在生活情趣方面存在着很多不容忽视的问题，如沉迷于打牌赌博，热衷于吃喝玩乐，沉湎于灯红酒绿，追求高档超前消费，深陷于不健康的交往圈等。因此，对于公安民警来说，不健康的爱好和兴趣就是腐蚀公安民警政治免疫力的“细菌”，它会使公安民警在不经意间一步步滑向违法违纪的泥沼而不自知。因而党中央提出的党员干部要注重培养健康的生活情趣，保持高尚的精神追求的要求，对于公安民警具有极强的警示意义和现实意义。

情趣健康之于公安民警职业道德修养主要包括如下内涵及要求：

第一，品行端正，作风正派。18 世纪法国唯物主义哲学家狄德罗说过这样一句话：如果道德败坏了，趣味也必然会堕落。这说明一个人的兴趣爱好与其道德品行有密切的关系，一个不遵守道德底线的人，是不可能拥有健康的生活情趣的。

第二，健康的精神追求。多元化的社会必然会有多样化的精神理想和追求，公安民警也是人，也有追求时尚、追求美好的权利，但前提是公安民警的爱好和追求必须符合文明社会的公序良俗，符合公众对公安民警的期望，并遵守相关的职业行为标准和要求。

第三，注重生活小节。生活情趣往往容易被有的公安民警看作是小节和枝节问题，认为只要工作上干出成绩，受到领导的认可，有点不良的嗜好无关紧要。千里之堤，溃于蚁穴。大量事实表明，一些公安民警被犯罪分子拉下水，往往都是从吃喝玩乐这些看似小事的地方开始的。因此，公安民警必须注重细节和小节。

第四，有健康的朋友圈。健康、正派的生活情趣，与交什么样的朋友大有关系。近朱者赤，近墨者黑。如果公安民警的身边多是酒友、赌友、款友、色友，要想有健康的情趣几乎不可能。因此，坚持择善而交，应是公安民警择友的原则。

三、克己奉公

"克己奉公"一词出自《后汉书·祭遵传》："遵为人廉约小心，克己奉公。赏赐辄尽与士卒，家无私财。"意思是克服自己的私心，一心为公。千百年来，克己奉公始终是社会和公众评价官德的一项重要标准，也是公职人员应具备的重要职业品德。

克己奉公包含着"克己"与"奉公"两方面的含义，这两个方面是相互作用的。克己是奉公的前提，奉公是克己的目的。在重视个人利益的市场经济条件下，"克己"并不是否认个人利益，不允许个人正当利益的存在，而是要以法律和道德为标准，克制和约束自己不合理不合法的欲望和需求。对于公务员来说，"克己"的标准显然要高于一般的公民，他们不仅要约束自身不合理的欲望和需求，而且当个人利益和集体利益与国家利益发生冲突时，还要做到公而忘私，牺牲个人利益。只有基于正确地对待个人利益，公务员才能做到"奉公"。因此，克己奉公实际上就是要求公务员要正确处理公与私、个人利益与集体利益的关系。

公安民警是国家的执法人员，这决定了公安民警必须具备克己奉公、无私奉献的职业道德品质。它要求公安民警在职业活动中，热爱本职，严于律己，一心为公，甘于奉献，做党和人民的忠诚卫士。改革开放以来，公安事业的发展和进步，都是广大公安民警克己奉公、无私奉献的结果。在新形势下，公安民警面临着维护社会稳定的巨大挑战，肩负着极为繁重的工作任务，广大公安民警只有做到克己奉公，不计较个人利害得失，才能为改革开放和经济社会的发展保驾护航，提供可靠的安全保障。

公安民警做到克己奉公，首先要严于律己，正确对待个人利益，合理克制自己的欲望和需求，在腐朽思想的侵蚀和权钱色的引诱面前，能够保持清醒的头脑，拒腐蚀，永不沾。即使是在单独活动无人监督的情况下，也要严格要求自己，守住底线。其次，要热爱公安事业，对本职工作怀有敬畏和勤勉之心。最后，要依法用权，决不利用职权谋取私利，杜绝权力商品化的各种腐败行为。

第二节 清正廉洁的基本依据

一、警察职业和工作的特点

公安民警的职业和工作具有“一大二多”的特点：“一大”，指权力大；“二多”，指接触社会阴暗面多和单兵作战机会多。这些特点决定了公安民警在工作中极容易受到诱惑和腐蚀，是容易发生腐败问题的高风险职业群体。因此，为警清廉就是基于警察职业和工作特点而提出的职业道德规范要求。

在我国，公安机关既是国家的行政执法机关，又兼具司法机关的性质，因而公安民警拥有比其他行政执法部门和司法机关的人员广泛得多的权力。《人民警察法》第二章对警察的职权作出了明确的规定，涵盖了刑事侦查、治安行政管理、看守羁押等多个业务工作领域，充分说明公安民警手中握有法律赋予的较大的执法和管理权力。

公安民警打击犯罪、维护社会治安秩序的职责，决定了公安民警必须要接触社会阴暗面。有专家指出，公安民警仅在任职头3年内耳闻目睹的社会丑恶现象，就比普通人一生中见到和感受的还要多。曾经是“缉毒英雄”后来成为毒贩而被判死缓的周鲲，其所经历的人生起伏就充分说明了这一点。周鲲被捕前系贵州六盘水市水城县公安局缉毒大队大队长，他曾300多次深入毒穴，抓获毒贩无数，令毒贩们闻风丧胆，有人甚至扬言要花100万元买他的人头。因工作成绩突出，他曾先后荣获贵州省优秀人民警察、全国优秀人民警察、全国优秀青年卫士、全国先进工作者等荣誉称号。2003年1月30日，周鲲因涉嫌运输、贩卖毒品，经武汉铁路运输检察院批准逮捕。经审理查明，从2002年7月中旬至2002年12月初，周鲲分别伙同他人3次驾驶缉毒大队汽车至云南运输、贩卖毒品达4875.4克。被捕后，周鲲反省自己："我长期从事缉毒工作，与毒贩打交道，就必须买卖毒品，而买卖毒品也是为了打击毒贩。到最后，我甚至已经分不清自己到底是警察还是毒贩。"周鲲的人生悲剧告诉我们，公安工作必须接触社会阴暗面，这决定了公安民警与犯罪分子之间有时只有一线之隔，越过这条线公安民警就会变成罪人。

此外，警察职业的特殊性决定了公安民警单兵作战的机会比较多，这意味着公安民警个人在工作中经常要远离领导和同事，不易受到监督。对此，美国警学专家塞缪尔．沃克解释说："警察通常是独自一个或两人一起执勤，就此而言，警察工作的特点是可见度低……可见度低有两个方面：一是警员不能直接受到上级主管的监督；二是他的工作得不到广大公众的监督。每发生一起事件，往往涉及一名警员（可能还有一个同伴）和一名涉嫌公民。"① 中外警察职业都具有这种难以监督的特点，而权力的腐败恰恰就会在监督的空缺中滋生和蔓延。

《法制晚报》曾以"2006全球腐败报告调查：普通人群最爱向警察行贿"为题，报道了"透明国际"组织所发布的2006年全球腐败报告。这份报告是通过对全世界62个国家和地区的59000人进行民意调查后得出的，调查对象是普通人群，突出了他们遇到的腐败经历，结果显示，人们最普遍贿赂的对象是警察，而且警察发

① 【美】塞缪尔．沃克著：《美国警察》，群众出版社1989年版，第207页。

生腐败的频率也要高于其他部门。[1] 这则报道再次印证了警察由于权力大、接触社会丑恶面多、单独工作机会多，是容易受到腐蚀的高风险职业群体的论断。因而公安民警必须在工作中做到为警清廉，拒腐蚀、永不沾。

二、清正廉洁是中外警察的共性要求

虽然世界各国警察在管理体制、职权、工作特点等方面存在着或大或小的差异，但警察执法权力大、接触社会阴暗面多、单独作战机会多的职业和工作特点则具有很大程度的共性。这决定了清正廉洁不仅是我国警察职业道德规范的要求，而且也是国外境外警察职业道德的要求。

我国的专职警察制度是在清代末年产生的，虽然晚清时期清朝的大厦将倾，皇朝的专制统治已走到了尽头，但统治者依然特别重视警察的廉洁问题，提出“警察尤以廉洁为先”。北洋政府于民国10 年 10 月 7 日制定公布了《铁路警察服务规则》，其中也对警察提出了“持身处事须崇尚俭朴，廉清勤慎”的道德要求。到了国民党统治时期，规定警察要“清白廉洁，维护警察的名誉纲纪”，“要努力保持廉洁的习惯、朴素的生活”。[2] 新中国成立后，党和政府以及公安机关更是把为警清廉作为公安民警重要的职业道德规范，写进了警察的各种法律、法规、条例和规定之中，成为公安队伍建设的一项重要内容。《人民警察法》第一章第四条规定：“人民警察必须以宪法和法律为活动准绳，忠于职守，清正廉洁，纪律严明，服从命令，严格执法。”1958 年第九次全国公安会议通过了《公安人员八大纪律十项注意》，其中有“不准贪污受贿”的规定。

① “2006 全球腐败报告调查：普通人群最爱向警察行贿”，http：//www. cnr. cn/caijing/gdxw/200612/t20061207_504346277. html

② 杜晋丰等主编：《警察伦理学》，中国人民公安大学出版社 2005 年版第 26 – 27 页。

1983年7月，公安部把“廉洁奉公”作为公安民警职业道德四条规范的内容之一。2011年，中央政法委把忠诚、为民、公正、廉洁作为政法机关的核心价值观确立下来，明确对包括公安民警在内的所有政法干警提出了廉洁的价值观要求。

联合国为了更好地对成员国的警察执法行为进行约束和规范，于1979年12月17日在联合国大会上通过了《执法人员行为守则》。该守则第七条规定：“执法人员不得有贪污行为，并应竭力抵制和反对一切贪污行为。”

国外很多国家的警察部门也都对警察提出了廉洁方面的具体要求。例如，美国国际警长协会曾于1987年通过的新的《执法人员道德准则》，对全美的警察产生了很大的影响。该准则是以宣誓的形式提出廉洁的道德要求的：“我愿意在自己的个人生活中坚持廉洁，做人们的表率，作风正派，不做有损于自己和警察队伍形象的事。”“我决心永不参与受贿，也不宽恕别的警官的受贿行为。”《日本警察守则》中也包括有“生活清廉，作风正派”等的道德要求。

由此可见，中外警察职业道德在清正廉洁的要求方面具有共同性，这充分说明清正廉洁之于公安民警合法准确地行使权力，积极履行职责具有极为重要的意义。

三、廉政建设是党的建设的基本任务之一

廉政建设就是通过对权力的制约和监督，保持政治上的清正廉洁，实质是社会主义民主政治建设问题。党的十七大第一次把反腐倡廉的廉政建设与党的思想建设、组织建设、作风建设和制度建设一起，确定为党的建设的基本任务。把反腐倡廉作为党的建设的基本任务，使党的建设由思想建设、组织建设、作风建设、制度建设“四位一体”发展为“五位一体”，凸显了中国共产党纯洁自身肌体，提高执政能力的决心和勇气。

廉政建设关系到党的性质，关系到党同人民群众的血肉联系，

关系到党的路线、方针、政策能否正确制定和施行，因而它是一个事关党的生死存亡的大问题，历来是党的建设和国家建设的重要内容。早在建国前夕，毛泽东同志在中共七届二中全会上就曾就向全党发出警告："可能有这样一些共产党人，他们是不曾被拿枪的敌人征服过的，他们在这些敌人面前不愧英雄的称号；但是经不起人们用糖衣裹着的炮弹的攻击，他们在糖弹面前要打败仗。我们必须预防这种情况。"新中国成立后，党中央始终把反腐败作为加强党的建设、提高党的执政能力的一项重要任务来对待。建国后不久党就开展了以反对党和国家机关工作人员的贪污受贿现象为突破口，解决惩治奸商、消除官僚主义、恢复党的优良传统、保证国家计划经济健康发展的持续时间较长的群众性反腐败运动，并且对刘青山、张子善等曾经对党和人民立过功劳的高级领导干部坚决予以严惩，充分显示了党从严治吏、对腐败绝不姑息的决心。1952 年 4 月 18 日，政务院通过了新中国成立后第一部系统性的反贪法律文件《中华人民共和国惩治贪污条例》，表明了中国共产党全方位的反腐败思路。

改革开放以来，中国共产党始终围绕党和国家事业发展的大局，把反腐倡廉、拒腐防变作为一项重大政治任务，从关系人心向背和党的生死存亡的战略高度加强党风廉政建设，坚持不懈开展反腐败斗争。党的十一届三中全会以后，针对当时党内和社会上一些消极腐败现象有所滋长的状况，以邓小平同志为核心的第二代中央领导集体郑重地提出，执政党的党风问题是有关党的生死存亡的头等大事，要坚持两手抓，两手都要硬，在整个改革开放过程中都要反对腐败。

党的十三届四中全会以后，针对由计划经济体制向社会主义市场经济体制转换过程中腐败现象在一些领域滋生蔓延的态势，以江泽民同志为核心的第三代中央领导集体提出治国必先治党、治党务必从严，确定了领导干部廉洁自律、查办违纪违法案件、纠正部门和行业不正之风的反腐败三项工作格局。

党的十六大以来，针对经济社会发展发生的深刻变化，以胡锦涛同志为总书记的党中央领导集体提出，有效预防腐败是党执政能力的重要标志，坚决惩治腐败是党执政能力的重要体现，确立了标本兼治、综合治理、惩防并举、注重预防的反腐倡廉方针。先后颁布了《中国共产党党内监督条例（试行）》(2003 年)、《中国共产党纪律处分条例》（2004 年)、《党员干部廉洁从政若干准则》(2010 年）等一系列加强党的组织和廉政建设的规定。2005 年，党中央在《建立健全惩治和预防腐败体系实施纲要》中明确提出了教育是基础、法制是保证、监督是关键的反腐败思路，并把“坚持标本兼治、综合治理、惩防并举、注重预防的方针，建立健全惩治和预防腐败体系”写入党的十七大通过的党章，进一步明确了惩治和预防腐败体系建设的指导思想、基本要求、工作目标。

总而言之，在党领导中国人民建设社会主义的伟大事业中，反腐倡廉建设始终是党的建设的重要内容。公安机关要承担起三大政治和社会责任，就必须按照中央的部署和要求，建设廉洁警队，做到清正廉洁。

第三节　清正廉洁的具体要求

一、保持和发扬公安机关艰苦朴素、为警清廉的优良传统

在长期的公安工作实践中，公安机关在思想、作风、行为和习惯等方面形成和传承了许多优良传统，艰苦朴素、为警清廉则是其中重要的内容。多年来，面对复杂的维稳形势和繁重的公安保卫工作，公安队伍之所以能保持强大的战斗力，圆满完成党和人民交给的任务，为党和国家的中心工作，为社会主义现代化建设提供安全服务和保障，与广大公安民警继承和发扬艰苦朴素、为警清廉的优良传统和作风是分不开的。

艰苦朴素、为警清廉是公安民警的优良品质和基本操守。公安

机关成立以来始终把预防惩治腐败作为队伍建设的重要内容，始终坚持把艰苦朴素、为警清廉作为公安民警的基本要求，不断探索、积极打造执法为民的廉洁警队。在公安队伍中，涌现出许许多多生活水平向低标准看齐，而工作水平向高标准看齐的模范人物，他们不计报酬，无私奉献，用自己的辛勤工作，甚至宝贵的生命，谱写了公安民警忠诚为党、奉献为民、清廉为警的感人篇章。

在全国人民大力弘扬社会主义核心价值观的今天，中央政法委明确提出了“忠诚、为民、公正、廉洁”的政法干警核心价值观。目前，全国公安机关都在加强对政法干警核心价值观的学习、教育和践行，而这无疑会进一步强化公安民警艰苦朴素、为警清廉的思想意识，筑牢民警自觉抵制诱惑的思想道德防线，有利于营造以廉洁为荣，以贪污为耻的公安廉政文化氛围。

当今社会，公安民警在警务工作中，面临着形形色色的诱惑，存在着被糖衣炮弹拉下水的可能，这就需要每位公安民警要保持清醒的头脑，加强学习，从公安机关的优良传统中寻找精神动力和行为支撑，珍惜公安机关的荣誉，珍惜自己的职业荣誉，自觉抵制拜金主义、享乐主义和极端个人主义腐朽思想的侵蚀，抵制糖衣炮弹的诱惑，提高自身拒腐防变的能力，杜绝腐败行为。孟建柱部长2011年5月在全国公安机关反腐倡廉建设电视电话会议上强调指出：要强化作风养成，不断提高抵御各种腐朽思想侵蚀的“免疫力”，培养健康高雅的生活情趣，永远保持“菜根香、补衣暖”的精神追求，永远保持艰苦奋斗、勤俭节约的光荣传统。这是对全国公安民警寄予的厚望，广大公安民警应牢记于心，并以此自勉自励。

二、依法行使权力

权力是一种支配力和影响力，对于公安民警而言，权力是履行职责必不可少的手段，是公安民警职业活动正常运行的基本条件。权力是一把双刃剑，既能产生正效应，也能产生负效应。因此，公安民警在行使权力的过程中，必须杜绝违法违规用权的现象。在警务活动中，之所以会产生许多权力腐败行为，其主要根源就在于一些公安民警超越法律规定滥用权力。因而要确保公安民警清正廉洁，基本的前提就是必须做到行使权力合乎法度。

依法行使权力，首先必须树立正确的权力观。权力观，是指人们对待权力问题的根本看法和态度。在人类历史的发展过程中，历来就存在着对权力来源、权力目的、权力作用等问题的不同看法。现代民主政治坚持权力来源于公民和法律的授予，权力存在的目的是保护公民的权利，权力的作用是为社会和公民服务。建立在民主政治基础上的权力观认为权力与责任相伴而生，权力不仅有法律边界而且必须要受到监督。作为以行使国家执法权力为主要职业责任的公安民警，必须对民主政治的权力思想和权力观有深刻的认识，并在认同的基础上牢固树立正确的权力观。

其次，从权力运作上看，公安民警要避免权力腐败，做到清正廉洁，还必须合法准确地行使权力。合法是对广大公安民警行使权力在法律上的要求，民警在行使权力时必须符合相关法律在实体和程序方面的规定。准确是对广大公安民警行使权力在认定法律事实和掌握权力上的要求，即公安民警在认定法律事实上要准确，在掌握和使用权力上要准确，避免各种不法行为的出现。随着我国社会主义法治建设的不断发展，规范公安民警行使权力的法律逐步健全，加之近年来公安机关执法规范化建设的进一步加强，法律监督制度的不断完善，使得公安民警执法的法律规范和程序更趋严密，公安民警滥用权力的空间不断压缩，从而为公安民警依法用权、为警清廉提供了必要的法律和制度支撑。大量事实说明，个别民警以权谋私，为警不廉，无不是突破法律边界滥用权力导致的结果。因此，公安民警在树立正确的权力观的同时，必须强化依法用权的意识，做到有法必依，令行禁止。

三、合理节制欲望和需求

人皆有欲望和需求，从某种意义上来说，人的欲望和需求是推动人类文明不断发展和进化的动力。但人的欲望和需求从来都有正当和不正当之分，有合理和不合理之别。希望满足正当、合理的欲望和需求，为法律和道德所许可，而迷恋和贪图不正当和不合理的欲望和需求，只能走向堕落，并受到法律的严惩和道德的谴责。

公安民警在社会中生活，自然有着正常人所具有的各种欲望和需求，对此，我们应该给予充分的关注和理解。但公安民警的欲望和需求也有正当、合理与不正当、不合理之分。对公安民警正当、合理的需求应予满足和尊重，而对不正当、不合理的欲望和需求必须采取措施加以遏制。众所周知，由于工作需要，公安民警经常要与社会阴暗面打交道，面临利益诱惑的机会比其他职业人员相对来说要多一些，因而公安民警必须能够合理地节制自己的欲望和需求，否则，就会被犯罪分子或有所图谋的人找到用糖衣炮弹攻击的软肋，一旦出现这种情况，不仅会给公安事业和公安工作带来损害，而且也会自毁前程。

首先，公安民警要对自己的欲望和需求有一个正确的认识和判断，知道哪些欲望和需求是正当的、合理的，为法律和道德所许可的，哪些欲望和需求是不正当的、不合理的，为法律和道德所禁止和谴责的。这是合理节制欲望和需求的前提。前纽约市警察局局长帕特里克·墨菲对其下属曾说过这样一句话：除了你们的薪金以外，其他任何收入都是不干净的。这其实就是要为警察划一条辨别其欲望和需求正当和合理与否的界限。对于任何一个警察部门来说，通过一定的途径和方式让警察明确这样的界限，是非常重要的。其次，面对利益诱惑，要节制自己的欲望和需求。虽然从人性的角度来看，趋乐避苦、趋利避害是人的天性，但人与动物的最大区别就在于人是有理性的，能够控制自己的欲望和行为。西方有句谚语：上帝让你灭亡，必先让你疯狂。现实生活中，许多走向堕落和毁灭的人往往就是从放纵自己的欲望、不节制自己的需求开始的。对此，在工作中经常面临利益诱惑的公安民警，必须保持高度的警觉，决不能利令智昏，欲壑难填，最后毁掉自己。最后，坚守法律和道德的底线，决不越雷池一步。在我国社会转型的特殊时期，由于主客观各种原因，贪腐之风在某些领域有愈演愈烈之势，作为公安民警个人虽然对此无能为力，但从自身做起则是每位民警力所能及的。如果每位民警都能坚守法律和道德的底线，不滥权、不伸手、不贪不占，就会以小善积大善，最终形成公安机关的廉洁之风。

四、注意小节，防微杜渐

古人认为："轻者重之端，小者大之源，故堤溃蚁孔，气泄针芒，是以明者识慎微，智者识几。"① 这说明包括腐败在内的恶是一个由小到大的渐进过程，小节上的疏忽就很容易走向大的堕落。美国警学专家在探讨警察腐败问题时，也认为警察是通过社会化的过程而逐步变为腐败分子的，这种过程并非朝夕之事，而是经历了不太腐化—容忍腐化—参与腐化这样一个过程。著名的警学专家劳伦斯·谢尔曼把这种渐变的过程称之为"道德历程"。按照这种"道德历程"的观点，"一个警员道德腐化的历程是以接受'赏钱'开始的，先是接受免费用餐，接着开始认为这事即使不是理所当然，也该是工作的正常组成部分。"这是新警员"腐化的第一阶段……走上腐化的第二、第三阶段是违反规章制度。道德历程这样发展下去，就会渐渐地把警官变成'吃肉者'。这时的腐化行为将带有更严重的性质，更有计划，涉及金额也更多，进而开始主动采取腐化行动。"② 正是基于这样一种认识，美国许多警察局长都对警察的行为小节提出了非常严格的标准和要求，认为警察任何接

---

① 《后汉书．陈忠传》

② 参见【美】塞缪尔·沃克著：《美国警察》，群众出版社 1989 年版，第 210 页。

受小恩小惠的行为都是不可宽容的，就是免费喝一杯咖啡也有损于警察的道德声誉。美国警界领导人之所以对警察提出如此严格的行为标准，就是基于腐败行为是一个量的积累、由轻到重的蜕变过程。美国警界领导人不是小题大做，而是他们意识到了防微杜渐在预防警察腐败中的重要性。

如果对公安队伍中个别民警违法腐败的行为轨迹进行考察，无一不是先从生活小节开始，而后一步步滑向犯罪泥潭的。例如，因犯受贿罪、纵容黑社会性质组织罪、巨额财产来源不明罪，已于2010年被判无期徒刑，剥夺政治权利终身的重庆市公安局原副局长彭长健之所以由警界高级领导干部堕落为人民的罪人，就是因为在担任领导职务的过程中没能经受住金钱的诱惑，从收受少量礼金到收受巨额贿赂，温水煮蛙，从量变逐步到质变，一步步堕入犯罪的深渊。因而公安民警在工作中注意自己的生活小节，在小事上严格要求自己，防微杜渐，具有十分重要的现实意义。当然，做到这一点，除了公安民警个人的努力以外，各级公安机关必须加强制度建设，强化对民警行为的监督。只有两方面结合起来，才能有效地制约和规范民警的行为。

五、慎重选择朋友圈

在全国公安机关反腐倡廉建设会议上，孟建柱部长强调，各级公安机关领导干部要牢固树立正确的人生观、价值观，从日常生活细节做起，坚持克己慎行，戒贪欲，拘小节，慎交友，重品行，做一个政治上的“明白人”、经济上的“清白人”、作风上的“正派人”，要学会在监督下工作和生活。这虽然是对公安机关领导干部而言的，但对广大的公安民警也具有十分重要的警示和教育意义。

警察权力涉及社会生活的方方面面，打击犯罪的职责决定了警察是不法分子最忌惮的职业群体，同时也是不法分子为非作歹必须打通的关节，因而结交警察、诱惑警察、腐蚀警察，就成为许多犯罪分子与警察交友怀有的险恶用心。据报道，截止2009年10月，重庆“打黑”活动开展后，至少有14位副处级以上的官员落马，其中副厅级以上占了6人。这些倒掉的黑团伙“保护伞”中，以公检法系统的官员为主，其中，公安系统的官员占了9位。对此，知名反腐学者林喆分析说，出现这个现象并不奇怪，谁来打击涉黑团伙？就是公检法部门，特别是公安部门，通常最直接和涉黑团伙、势力进行接触、斗争，因此，涉黑团伙对公安部门的侵蚀、拉拢也最下力气。①

事实的确如此。近年来，全国多个地方公安机关打掉了黑社会犯罪团伙，但在打黑除恶的同时，也有个别公安民警因为涉黑涉恶、充当黑恶势力的保护伞而被查处。例如，2011年9月，青岛市公安机关在扫除聂磊涉黑犯罪团伙的同时，共有14名公安民警因此案被查处，其中包括2名公安分局局长和数个分局和市局刑警、治安、特警支队的民警，不少人还是“破案能手”。这些民警有的和聂磊是铁哥们，据媒体报道，2005年，聂磊一个手下结婚，婚宴开席30余桌，一半公安系统的人，一半黑道中人。严酷的现实说明，警察与什么人交朋友，绝不是纯粹的个人私事，而是会对警察行使权力的行为产生影响的大事。

《颜氏家训》有云：“与善人居，如入芝兰之室，久而自芳也；与恶人居，如入鲍鱼之肆，久而自臭也。”近朱者赤近墨者黑，这个道理说起来每个民警都知道，但在实际生活中，有的民警往往认为社会交往是生活小事，和朋友一起吃饭、娱乐、互相帮帮忙，没什么大不了的；有的民警把交友完全看做是个人私事，认为交友是个人的自由，与其他人没有关系。但发生在公安队伍中许多反面的案例告诉我们，朋友有高下之分，交往有损益之别，那种虚于应酬、空耗时日的泛泛之交，吃吃喝喝、拉拉扯扯的庸俗之交，互相利用、投桃报李的势利之交，有百害而无一利。警察拥有较大执法权力的特殊身份，决定了警察如果自律不严、交往不慎，很容易把

① 重庆涉黑团伙偏爱“大靠山”，《深圳晚报》2009年10月17日。

权力因素带入社会交往中，受到拉拢腐蚀，导致权力滥用。

在日趋复杂的社会环境下，公安民警不可小觑慎交友的必要性和重要性。在工作中，要端正交往动机，净化自己的社交圈，择善而交，慎重选择交往对象，要多交益友和诤友，坚持正确的交往方式，追求淡泊俭朴健康的交往境界，时刻警醒围在自己身边的别有用心的人，在社会交往中在大是大非问题上要讲原则、守纪律，不做权钱交易、权色交易等违法乱纪的事，始终保持公安民警一身正气的政治本色。

第十一章 团结协作

团结协作是公安机关的优良传统和作风，它是指公安民警在党和政府的统一领导下，为完成公安工作任务，不同区域的各级公安机关之间、公安机关内的不同部门、不同警种之间，团结一致、紧密配合、互相支持、协同作战的精神和品质。团结协作是公安民警完成各项公安工作的重要保证，是克敌制胜的法宝。特别是在人流、物流、信息流已经突破传统地域限制，跨区域犯罪活动愈益突出的时代背景下，公安民警树立协同作战的意识和精神，做到相互尊重和支持，具有十分重要的现实意义。

第一节 团结协作的主要内容

在公安机关人民警察职业道德规范中，“团结协作”的主要内容及要求包括精诚合作、勇于担当、积极向上。

一、精诚合作

精诚，意为真心诚意、至诚。精诚合作就是指公安民警为了履行职责，打破地域、部门和警种的分割，上下一心，相互支持，密切配合，协同作战的意识和精神。

自从1829年世界上第一支正规的警察队伍在英国诞生以后，警察就是一支具有准军事性质、高度集中统一的队伍。警察准军事性的特点决定了警察是一支统一指挥、各部门协同作战、步调高度一致的纪律部队，而这也是警察组织和警察职业区别于其他政府行政部门和行政人员的显著特色。基于此，精诚合作是世界许多国家的警察部门对警察在职业道德和纪律作风方面的共同要求。例如，在美国具有很大影响的《警察行为规范》第七条就规定："在追求正义、公正的事业中，警察要与一切有执法权力的机构及其代表合作。一个辖区可能有许多执法机构，警察或警察机构只是其中的一员，因此，同行之间时时刻刻、完全彻底相互支持、相互帮助，非常重要"。[①] 日本警察的《警察生活原则》第三条也规定："我们警察将严格地遵守纪律，发扬互相团结的精神。"[②] 我国早在新中国成立后的1952年10月，第五次全国公安会议《关于建设公安部门政治工作的决议》就提出了要加强民警的纪律教育，树立其团结进步、守纪律、听指挥的优良作风与品质。改革开放后，随着我国经济和社会的迅猛发展，社会流动性大大增强，与此相伴而生的则是跨区域的犯罪问题日益突出，警务工作对警察的团结协作意识和精神提出了更为明确的要求。在这种情况下，精诚合作越来越受到公安机关的重视，成为公安民警职业道德和纪律作风的重要内容之一。

精诚合作作为公安民警职业道德的重要内容，其对公安机关和公安民警的要求主要表现在三个方面：一是在警力上，不同地区、不同单位的公安机关之间；公安机关内部的各警种、各部门之间，应从全局出发，发扬协作精神，在必要时，相互支持，施以援手，形成集团作战能力，发挥一盘棋的威力。二是在警务信息上，不同地区、不同单位的公安机关之间；公安机关内部的各警种、各部门之间，要有共享和共有的意识，打破信息壁垒，排除团体主义和地方保护主义，加强信息的沟通和交流，建立信息互通和共享机制。三是在警务装备上，要在协同作战过程中，互通有无，相互支援，主动配合，提供方便。

① 杜晋丰等主编：《警察伦理学》，中国人民公安大学出版社 2005 年版，第 43－44 页。

② 同上，第 48 页。

二、勇于担当

担当就是克服困难，对职责的一种积极承担。从职业道德的角度来说，勇于担当既是一种崇高的境界，也是一种踏实工作、敢于负责、勇挑重担的品格和精神。对于公安民警而言，勇于担当就是在公安工作实践中，积极承担责任、敢于直面困难，勇于接受挑战的职业道德品格。

党的十七届五中全会对领导干部的精神状态、工作状态提出了新的要求，强调领导干部要有责任意识，对工作尽心尽责，勇于担当责任。应该说，党的十七届五中全会提出的“勇于担当”，不仅是对领导干部的期望和要求，也是对公安民警的期望和要求。作为国家的执法人员，公安民警手中握有较大的执法权力，担负着巩固共产党执政地位，维护国家长治久安，保障人民群众安居乐业、服务经济社会发展的神圣使命和责任，在行使权力和履行职责的过程中，公安民警必然会遇到难以想象的困难、挑战、诱惑和压力，正像古人所说的“大事难事看担当”，越是在这种情况下，越需要公安民警具备勇于担当的精神和品格，敢于负责，事不避难，迎难而上。

对于公安民警而言，勇于担当首先是一种使命感和责任感。担当就是责任，担当就意味着对法律和人民赋予的职责尽心尽力，精益求精，不负重托。其次，勇于担当还是一种面对困难和挑战敢于应对的勇气和胆识。担当责任必然会遇到意想不到的艰难险阻，没有勇气、畏首畏尾是无法担当起沉甸甸的责任的。再次，勇于担当是在协调作战中不推卸责任、不争功诿过的一种负责、坦荡的胸怀和境界，见荣誉就争，见责任就逃，这不是勇于担当应有的表现。最后，勇于担当还是一种能够做好工作，切实负起责任的能力。能担当是褒词，但担当是需要能力做支撑的。面对重托，面对困难和挑战，要能够担当就必须具备解决问题、迎难而上的能力，必须有履行好职业责任的素养和本领。缺少了这个前提，勇于担当可能会产生事与愿违的结果。

2011 年荣获全国第四届“我最喜爱的人民警察”荣誉称号的十位警界英雄模范，他们当中，有“用最硬的肩膀、为百姓担当”的爱民模范——河北省沧州市公安局渤海新区分局黄骅新城派出所所长周希胜；有坚守悬崖三尺岗台的“最牛交警”——湖南省吉首市公安局交警大队矮寨中队民警吴浩；有危难时刻挺身而出解救人质、身负重伤的“赤胆英雄”——湖北省武汉市公安局特警支队突击大队副大队长谭纪雄……这些令人敬仰的公安民警，或常年默默奉献、尽职尽责，甘当无名英雄，或关键时刻挺身而出，临危不惧，以生命和鲜血捍卫警察荣誉，他们都从不同的视角诠释了公安民警勇于担当的深刻含义，他们的所作所为向社会昭示了公安民警勇于担当的职业品格和精神。

三、积极向上

美国学者道格拉斯·勒尔顿在《积极生活的力量》一书中指出：“积极”这个词传达了明确、自信、乐观、果断、肯定、认同、绝对、必然和建设性的价值观，它同怀疑主义态度、疑惑、否定、犹豫、拒绝、矛盾、抑制、中庸等正好相反。据此，可以把积极向上看作是一种自信、乐观、有理想追求、昂扬进取、永不懈怠的人格品质和精神状态。

作为人格品质，积极向上是人格品质构成中具有基础性意义的一种心理素质。因为一个人只有积极向上，才能激活其他一切优秀品质的优秀元素，并使自身的热情、潜能和创造性得到最大限度的发挥和释放。作为一种精神状态，积极向上是在理想和信念支撑下不为困难和压力所折服的一种奋发、有为、乐观的心态和表现。无论一个人在社会生活中扮演什么角色，承担什么责任，保持积极向上的精神状态，拥有积极向上的人格品质，对于每个人而言都是极为重要的。

公安工作艰苦、压力大、待遇偏低，有时付出还得不到公众的理解，在这样的社会和工作环境下，积极向上的人格品质和精神状态之于警察具有特别重要的意义。如果没有这样的心态和人格品质，公安民警很可能会对琐碎繁杂的工作感到烦恼，会对奉献多所得少产生抱怨，会被工作中的困难和挫折所压倒而一蹶不振。

有学者经过研究，提出了警察心理健康的七条标准，它们分别是：心理上无障碍或异常表现、正确的自我意识、稳定乐观的情绪、完整统一的人格、良好的人际关系、适应社会的能力、自我的控制能力。[①] 其中，稳定乐观的情绪是警察重要的心理健康标准之一。保持稳定乐观的情绪，就是在日常生活中能保持情绪的稳定、乐观和向上，不为困难和挫折所压倒，能以积极的心态面对工作和生活。这条警察的心理健康标准表明的就是一种积极向上的精神状态和心理品质。这说明，基于公安民警的职业和工作特点，积极向上是每位公安民警必须具有的一种心理素质和精神品质。

在公安工作中，积极向上要求公安民警做到以下四个方面：一是要保持积极的心态。成功学家拿破仑·希尔提出 17 条成功定律，第一条就是“积极的心态”，并把它作为成功者的黄金法则。对于公安民警来说，要在工作中有所成就，获得认可，就要有积极的心态，乐观自信，对工作和生活充满信心，遇事豁达，不怨天尤人。二是对工作要始终保持热情和斗志，面对繁复和艰辛的公安工作，要不懈怠、不麻木、不生厌，要本着对党和人民高度负责的精神，认真做好自己的本职工作，遇到困难和挫折不畏缩、不退却。三是要学会调整自己的负面情绪。面对日复一日、年复一年繁杂的公安工作，公安民警难免会产生消沉、焦虑、安于现状等不良的情绪和心理，关键是出现了这些负面的心理情绪，公安民警要能及时进行自我调整，很快走出负面情绪的阴影，这是保持积极向上精神状态的重要前提。四是要有开拓创新的意识和精神。积极向上必须与时俱进，紧扣时代发展和公安工作发展的脉搏。当前公安机关面临着

---

① 参见：《警察心理健康手册》，中央文献出版社 2007 年。

社会管理创新的挑战和重任，积极向上就要求公安民警在工作中要有探索、创新的精神，积极思考公安工作中面临的新问题，探索维护社会稳定、促进社会和谐发展的新机制、新做法。

第二节 团结协作的基本依据

一、公安机关是高度集中统一的战斗集体

人民警察是具有武装性质的国家治安行政力量和刑事司法力量，承担着打击犯罪，保护人民，维护社会稳定的重任。人民警察的这种性质和任务，决定了公安机关是一个高度集中统一的战斗集体，而团结协作则是确保这个战斗集体能够发挥出强大战斗力的必然要求和前提条件。

20世纪30年代，美国著名学者杜威曾提出社会“共同体”的概念。他说：共同体应当是一部机器的各个部分，为着一个共同的结果而以最大限度的相互合作进行运转。这表明“共同体”是一个由不同要素组成的系统，而系统整体作用的发挥是以各要素之间的密切协作和配合为条件的。公安机关无疑也是这样一个由不同要素构成的共同体，只不过与政府其他部门比起来，公安机关在组织性、纪律性、统一指挥、协同作战等方面有着更加鲜明和严格的要求而已。公安机关的高度集中统一，一方面表现在组织机构的设置上，公安机关是一个既有分工又有协作的统一整体，虽然因工作需要公安机关有着远比其他政府部门多的层级和部门，但这种组织结构上的层级和部门是以彼此密切的联系和合作为基础的；另一方面表现在警务活动中，公安机关是一盘棋，实行统一指挥的警务运作模式，这决定了公安机关的上下级之间具有严明的指挥链，各部门、每位公安民警都必须服从上级统一的命令和指挥，协调一致，统一行动，不能各自为政，各搞一套。

基于公安机关具有高度集中统一的特点，团结协作始终是对公

安民警职业道德和纪律作风的要求。例如，党的十一届三中全会以后，公安部根据当时公安队伍的状况和任务，于1980年对公安民警提出了“五句话，四十个字”的要求：调查研究，实事求是；发扬民主，依法办事；廉洁奉公，遵纪爱民；立场坚定，敌我分明；机智勇敢，团结战斗。其中，“团结战斗”就是对公安民警提出的在履行职责中相互支持和精诚合作的要求。2000年颁布实施的《公安机关人民警察内务条令》第十四条规定，公安机关之间及各警种、各部门之间，应当按照各自职能和分工，密切合作，互相支持，协调一致地进行工作。该条令从行政规章的角度进一步确认了团结协作的要求。

长期以来，各级公安机关始终把团结协作作为提高公安队伍战斗力的重要法宝，强调机关、部门、警种之间协同作战的必要性和重要性，并适应我国社会发展的要求，通过进一步完善警务协作机制，以求提高公安机关整体作战维护社会稳定的能力和效果。

二、有效开展警务合作，维护社会稳定的需要

近年来，我国经济社会的迅猛发展，人流、物流、信息流的快速流动，在给人们的生活带来便利，促进社会更加繁荣的同时，犯罪活动和社会治安也呈现出了新的特点。突出表现在：犯罪分子的活动范围越来越广泛，跨区甚至跨国境犯罪日益突出。伴随着现代科技的发展和道路交通的畅通便捷，犯罪分子往往利用现代化的通信手段、交通工具，甲地作案，乙地销赃，丙地藏身，犯罪行为的智能化、科技化、跨区域性特点愈益突出。特别是网络通信技术的发展和普及，给犯罪分子的信息沟通、串联、逃匿等提供了前所未有的便利，使得网上或网下发生的各种影响社会稳定的公共事件具有了极强、极明显的跨地域的特征。此外，在新形势下，公安机关还面临着敌对势力互相勾结，刑事犯罪与经济犯罪活动互相交织，国际犯罪与国内犯罪互相渗透、互相影响的错综复杂的局面。与此同时，国外及我国港澳台地区等境外的犯罪组织也同境内的刑事犯

罪分子相勾结，建立多种犯罪组织，从事走私、贩毒等犯罪活动，给社会稳定带来了极大的隐患和破坏。

面对影响社会稳定的这些新情况和新问题，公安机关和公安工作面临着前所未有的挑战和压力，同时也对公安机关加强新形势下的警务合作提出了更为紧迫的要求。在这种情况下，公安机关如果固守传统的各自为战的警务工作方式，显然已无法适应新形势下与犯罪作斗争的需要。公安机关唯有团结协作，拧成一股绳，加强警务合作，才能形成一加一大于二的整体优势，提高打击犯罪、维护社会治安的能力，更好地应对挑战，克敌制胜。

令人感到欣慰的是，适应时代发展的要求，在准确判断当前公安工作形势的基础上，公安部已经作出了建立区域警务合作机制、加强区域警务合作的重大决策。经过短短几年的努力，通过2008年北京奥运会、2010年上海世博会、广州亚运会安保工作中警务合作的探索和实践，公安机关的警务合作机制已初现端倪，初显成效。到2010年底，全国公安机关的警务合作机制已经覆盖31个省区市，基本形成了情报资源互通共享、重大安保任务互援互助、重大突发事件互援共处、跨区流窜犯罪互查共破、治安问题互研共管、优势警务资源互补共用的警务合作机制。而且，随着海峡两岸和港澳经贸合作、人员往来的频繁，内地公安机关与港澳台地区警方的合作机制也在进一步完善和加强。相信随着公安工作的发展，公安机关警务合作的机制将更趋成熟和完善，警务合作的威力将更加凸显。

三、公安机关内部分工日益专门化的需要

有学者认为，传统官僚制的突出特征是：专业分工、等级制和非人格化。随着官僚制的不断完善，政府组织中的专门化和分工化倾向得到了进一步的发展。① 公安机关是典型的官僚体制，其组织

① 蔡立辉 龚鸣：“整体政府：分割模式的一场管理革命”，《学术研究》2010年第5期。

内部有着严密而细致的分工。现代国家事务牵涉专门知识、技术的问题越来越多，导致官僚体系的内部分工越来越细，越来越走向专门化。而且随着社会生活的日趋复杂多变，分工细化和专门化的趋势还会进一步发展。新中国成立后，公安机关就经历了这样一个由分工较为简单粗放到越来越细化和专门化的历程。

我国公安机关内部的分工主要是通过设置不同的专业部门和警种来实现的。新中国成立到改革开放之前，公安机关专业部门的设置和警种相对来说还不是特别细化，主要集中于刑侦、治安、交警等几大专业部门以及与此相应的刑警、治安警、户籍警、交警等几大警察种类。改革开放后，随着社会生活的发展，社会治安形势的日趋复杂严峻，公安机关内部的分工在原来的基础上愈益细化，在原有的业务工作部门和警种的基础上诞生了许多新的业务部门和警种，如防暴、经侦、网警、航空警务等，以及与此相对应的防暴警、经侦民警、网络警察、航空警察等新警种。近年来，随着环境污染和食品安全等成为近年来广大群众关注的新问题，一些地方的公安机关还组建了环保警察、食品安全警察等，如 2011 年湖北大冶市公安机关组建了环保警察大队，重庆沙区警方成立了食品药品犯罪侦缉支队，为公安机关的警种大家庭又增加了新的成员。相信随着社会的发展以及人民群众对公共安全的需求，公安机关内部分工细化和专门化的程度还会不断提升。

分工的细化和专门化就是组织把工作任务划分成若干领域和部分，分别委任相关的部门和工作人员来完成，这意味着每个部门和工作人员承担的任务范围更窄，专业化程度更高，所需的知识和技能更强。从理论上来说，组织内部分工细化和专门化的程度是组织成熟与否的一个重要标志。这样做一方面有利于组织更好地适应日趋复杂的社会需求，提高组织效率，为其服务对象提供更加专业化的服务；另一方面，分工过细、专门化程度高也会带来如下一些弊端：部门林立、职责交叉重复、多头指挥和无所适从；流程破碎、组织僵化和资源共享程度差；本位主义、整体效能低下和无人对整体负责；行政业务之间、政府各部门之间、各地方政府之间、垂直部门与地方政府之间、各行政层级之间出现分割。[①] 为了克服这些弊端，西方国家从20世纪90年代开始提出了"整体政府"这一新的政府改革理念和思路。整体政府主要是针对政府组织部门主义、各自为政和视野狭隘等弊端而设计和提出的，旨在以元素服从集合、部分服从整体的系统论为核心理念，以业务协同和资源共享为特征，以目标、机构、资源、业务、服务及其提供途径等要素的整合为内容，以网络信息技术为支撑，来更好地实现公共管理目标。[②] 可见，整体政府的提出很大程度上就是为了弥补官僚制分工过细和专门化程度高所带来的团结协作差的弊端，同时也对政府组织各要素之间的协作和共享提出了更高的要求。

改革开放后，适应打击犯罪和维护社会稳定的需求，公安机关的专门化程度越来越高。为了避免专门化程度提高可能带来的部门各自为战、地方主义、小团体主义、本位主义等负面影响，许多地方公安机关打破部门和警种的分割，整合警务资源，再造多部门、多警种协同作战的警务运行新模式。例如，2009年北京市公安局西城分局以全新模式组建了金融街中心区警务工作站。新型警务工作站打破了以辖区派出所为主体的原有运作模式，由6名来自外事、刑侦、治安、派出所等多个公安业务部门的骨干公安民警和10余名辅警力量组成，其职能除以往的接受群众报警外，还将与金融街商会等机构建立起区域安全协调会商机制，定期专程走访驻金融街的单位和机构，在职责允许的范围内尽最大可能为单位和员工提供涉及公安行政审批的咨询和预约服务，同时，警务工作站还将定期对金融街各单位保卫人员进行相关业务培训，适时组织开展

① 蔡立辉 龚鸣："整体政府：分割模式的一场管理革命"，《学术研究》2010年第5期。

② 蔡立辉 龚鸣："整体政府：分割模式的一场管理革命"，《学术研究》2010年第5期。

突发事件应急疏散演练等，充分显示了多部门、多警种协同作战的优势。目前，这种新的警务运行模式已在全国许多公安机关得到普遍运用。

理论和实践说明，公安机关内部分工越细化，专门化程度越高，就越会对团结协作、相互支持、紧密配合的职业道德和纪律作风提出强烈的要求。因为只有这样，公安机关才能减少内耗，避免分工细化和专门化可能产生的负面效应，最大限度地提高公安机关的整体优势和作战能力。

第三节　团结协作的具体要求

一、树立全局观念

这是公安民警做到团结协作的思想意识前提。对警察来说，全局是一个包括不同层次利益的概念。从大的方面来说，全局指党和人民的利益、国家的利益；从小的方面来说，指公安事业的整体利益。树立全局观念，就是要求公安民警在思想认识上要有大局和一盘棋的意识，以党和人民及国家的利益以及公安事业的整体利益为重。

我国公安机关是一个具有准军事化特点的、实行统一指挥的战斗集体，虽然公安机关内部因工作需要分为若干警种和部门，全国由于地域和发展程度的差异，各地公安机关在工作重点、部署和安排等方面有很大的差别，但无论如何，全国公安机关是一个有机的整体，公安工作要无条件地接受各级党委的领导，在业务上要接受上级公安机关的统一指挥，因而不论各地公安机关有着怎样的差异，公安机关内部有着怎样的分工，公安机关都是一个既有分工又有协作的统一的系统，这是公安机关能够完成任务的重要保证。广大公安民警在立足于本省、本地区和本部门工作实际的同时，必须胸怀全局，一切从党和人民的利益、国家的利益和公安事业的整体利益出发，要胸怀全局，正确处理全局和局部的关系，克服和反对本位主义、小团体主义和地方保护主义。

树立全局观念，正确处理局部和全局、个人和集体的利益关系，做到局部利益服从全局利益，个人利益服从集体利益，是公安民警必须具备的一种政治意识。虽然公安工作就总体而言是一致的、统一的，但就不同地区公安机关、不同部门的具体工作而言，有时候不可避免地会存在着这样那样的差异和矛盾。从局部的角度来看，有些措施、做法、思考问题的方式是正确的、有益的，但从全局来看可能就是无益的，甚至是有害的。从公安民警个人的角度而言，有的个人利益可能是合理的，但从集体利益来看可能就是不合理的，是对集体利益有害的。在这种情况下，广大公安民警应该有大局意识，以大局为重，决不能因局部的利益和个人的利益损害大局的利益和集体的利益。

二、提供方便，协同作战

提供方便，协同作战，是指各级公安机关领导和广大公安民警，在各项公安工作中，尤其是在对敌斗争和同严重刑事犯罪的斗争中，要充分发扬团结协作的精神，相互支持、相互配合、共同战斗。特别是在公安部于2010年6月作出建立区域警务协作机制的部署之后，全国公安机关着力构筑区域警务合作机制和有效的警务合作平台的大背景下，公安民警发扬团结协作的精神，实现信息共享，人才互助，协调作战，打赢新形势下打击犯罪斗争的胜利，具有更加现实的意义。

第一，要努力做到信息共享，互通情报。随着社会科学技术的发展，信息时代的到来，信息已经成为现代社会管理活动必不可少的重要因素和资源。公安工作尤其如此。近年来，公安机关大力推行情报信息主导警务，情报信息已经成为决定公安工作成败的先决因素。因而在社会治安面临严峻形势的情况下，加强公安机关的信息反馈和交流，互通信息情报，就成为开展公安工作，掌握对敌斗争主动权的当务之急。因此，各警种、各业务部门、各单位、每位公安民警，要有信息情报合作和互通的意识，打破信息壁垒，充分运用警综平台等科技网络，打造信息直通车，实现情报信息共享，只有这样，才能使公安机关做到耳聪目明，积极主动，先发制人。

第二，要相互支持，实现警力人才资源互通。实现协同作战的重要前提就是要建立警力资源的协作和相互支持机制，各地公安机关要结合警力人才的实际，在加强人才培养建设的同时，努力实现公安民警人才资源的互通。遇有重特大事件，各地公安机关和内部的各部门之间要互通人才，积极开展警务协作，在技术上和警力上互相提供指导和帮助，优化警力人才资源的使用价值。

2010 年 6 月，公安部作出了建立区域警务协作机制的部署。之后很短的时间内，全国公安机关已经建成了东北、环首都、西北、泛西南、苏浙皖沪、中部 5 省、泛珠三角 7 大区域警务合作机制，标志着我国的区域警务合作机制初步建成。过去，一个犯罪嫌疑人在嘉兴作案，在两三个小时内，就可能逃到上海或江苏甚至更远的地方。如果没有合作，没有相关公安机关的配合支持，预防和打击犯罪的效果必然大打折扣。2010 年 11 月初，北京市公安局经侦总队根据内蒙古自治区公安机关提供的情报，经过缜密侦查，一举打掉了盘踞在北京的假冒“河套”、“大公”等品牌的雪花粉制假、售假窝点。这是环首都七省份区域警务合作机制启动后，多地警方联手打击犯罪破获的重大案件之一。类似这样的案例，在各警务协作区的合作中不胜枚举，充分说明了各地公安机关协同作战的威力以及公安民警发扬团结协作精神的现实必要性。

三、发扬风格，不争功诿过

发扬风格，不争功诿过，就是要求公安民警要在荣誉和成绩面前摆正自己和集体的关系，不能把功劳都记在自己一个人身上。每位民警都要清楚地认识到，一个人无论能力有多大，工作干得多出色，都离不开其他同事、领导和各部门的大力配合，如果没有来自方方面面的支持和配合，任何人都无法靠个人的力量取得成功。特别是在组织内部分工越来越细化的情况下，工作的完成和成绩的取得更有赖于大家的齐心协力。因此，每位公安民警在荣誉和成就面前，都要摆正个人和集体的关系，始终把个人看成是集体的一分子，把自己的荣誉看做是集体荣誉的一部分，在追求集体的荣誉中体现个人荣誉的价值，珍惜荣誉而不独享荣誉。

在警务工作中，出现问题和过失是不可避免的，关键是如何对待问题和过失。有些公安民警不敢承担责任，有了成绩都是自己的，而出现问题总是往别人身上推，这样做既不利于团结，不利于工作的开展，也不利于民警个人的进步。这是一种对工作不负责任、对同事不尊重的表现。不争功诿过意味着，公安民警在工作中有了问题，应主动开展批评与自我批评，主动承担责任，认真总结经验教训，不诿过于人。对于批评性意见，要认真分析，虚心听取，有则改之，无则加勉。这样，才能虚怀若谷，团结同志，把工作做好。

后　记

为贯彻落实《公安部关于印发〈公安机关人民警察职业道德规范〉的通知》（公通字［2011］35 号）以及公安部《关于在全国公安机关深入开展人民警察核心价值观教育实践活动的意见》精神，着力加强公安机关人民警察职业道德建设，准确把握人民警察核心价值观的丰富内涵和本质要求，公安部宣传局组织编写了《〈公安机关人民警察职业道德规范〉解读》，与《公安机关人民警察核心价值观教育读本》一起作为“人民警察核心价值观教育实践活动”的辅导教材，供各地公安机关人民警察学习使用。

本书对公安机关人民警察职业道德规范的逐个条目从主要内容、基本依据和具体要求方面进行了解读，将深刻的理论通俗化，将通俗的道理系统化，引经据典、旁征博引，语言流畅、内容丰富。本书第一章由张可撰写，第二、第四、第五章由王世卿撰写，第三、第九、第十、第十一章由杜晋丰撰写，第六、第七、第八章由王毅虹撰写，全书由张兆端统稿。

由于编者水平所限，本书难免存在疏漏，敬请读者批评指正。

编　者

2012 年 7 月